Britta Nonnast
Typisch Theo!

Inhalt

Theo und die Rasiersahne

Theo saust ins Bad.

»Guten Morgen«, sagt Papa. Er steht vor dem Waschbecken und hat ein Handtuch um die Hüften gebunden. Er hat gerade geduscht. Sein Gesicht ist voller Schaum.

»Du hast ja Sahne im Gesicht!«, lacht Theo.

»Rasierschaum! Das ist Rasierschaum!«, sagt Papa und beginnt, sich das Weiße mit dem Rasierer aus dem Gesicht zu kratzen.

»Ich will dir auch die Sahne aus dem Gesicht kratzen«, sagt Theo.

Papa lacht. »Das mache ich lieber selbst.« Er nimmt eine Dose aus dem Badezimmerschränkchen. Wie von Geisterhand quillt daraus das weiße Zeug, wenn Papa auf den Knopf drückt.

»Ich will auch von der Sahne.« Theo klettert auf den Toilettendeckel und hält Papa seine Hand hin.

»Pschschscht«, macht es und Theo hat die ganze Hand voll weißem Schaum. Der ist wunderbar weich.

Theo streckt seine Zunge heraus und tut so, als ob er an dem Schaum lecken wollte.

»Mach nur«, sagt Papa. »Das ist leckere Rasiersahne.«

Theo weiß schon, dass man das Zeug nicht essen kann. Aber er kann es nicht lassen. Er taucht seine Zungenspitze in den Schaum.

»Iiigitt!« Theo prustet und spuckt. Der Rasierschaum schmeckt ekelhaft nach Seife.

»Selbst schuld«, sagt Papa und grinst.

»Ich habe auch einen Bart!« Theo schmiert sich
den weichen Schaum ins Gesicht.

»Das stinkt«, stellt er fest.

»Das duftet«, sagt Papa.

Theo stellt sich auf die Zehenspitzen, damit er
sich im Spiegel ansehen kann. »Ich bin ein Gespenst«, ruft er. »Huhu!«

Papa hebt Theo vom Klodeckel und drückt ihm
einen Waschlappen in die Hand.

»Abwaschen!«, befiehlt er.

»Der ist aber so schön weich, der Schaum«, jammert
Theo. Es hilft nichts, Papa wäscht alles ab.

Als Theo aus dem Kindergarten nach Hause kommt, schickt Mama
ihn zum Händewaschen ins Bad. Da fällt Theo der Rasierschaum
wieder ein. Der war so weich und so schön weiß! Die Dose steht
im Badezimmerschränkchen.

Mama telefoniert.

Man könnte mit der Rasiersahne auch was kochen, denkt Theo.

Er schleicht in die Küche und holt die große Salatschüssel aus
dem Schrank. Die mag Theo gerne, weil sie Punkte hat und ganz
leicht ist. Manchmal darf er in der Schüssel Teig kneten.

Auf Zehenspitzen schleicht Theo zurück ins Bad und holt den

Rasierschaum aus dem Schrank. Dann geht er leise in sein Zimmer und schließt die Tür.

»Pschtpscht!« Theo sprüht Rasiersahne in die Schüssel. Ganz viel. »Pschtpschtpscht!« Schließlich quillt nichts mehr aus der Dose. So viel weicher Schaum! Das ist herrlich. Theo greift bis zu den Oberarmen hinein und lässt ihn durch seine Finger flutschen.

»Ich hab's«, sagt Theo. Er lässt ein paar Plastikmännchen, die um ihn herumliegen, in der Rasiersahne verschwinden. Auch Spielzeugautos und Bauklötze plumpsen hinein.

»Das ist wie Versteckenspielen«, kichert Theo. Er rennt in die Diele. Dort liegen Mamas Schlüssel, die Bürste, der Lippenstift und das Handy. In der Küche holt sich Theo einen Löffel, den Salzstreuer und einen kleinen Apfel. Alles lässt er im Schaum versinken. Nur bei dem Handy zögert er einen Moment. Handys dürfen nicht nass werden, das weiß er.

»Aber schaumig?«, flüstert er. »Schaum ist kein Wasser«, sagt Theo und lässt Mamas Handy los. Es geht im Schaum unter.

Wenn nur dieser Rasiergestank nicht wäre! Theo fährt mit den Händen durch den Schaum, fühlt die harten Kanten der Gegenstände und versucht zu erraten, was er gerade in der Hand hält.

»Theo, wo steckst du?« Mama ruft. Schnell schiebt Theo die Schüssel unter sein Bett. Gerade in diesem Moment klingelt es aus dem Schaumberg. Theo zuckt zusammen.

»Theo?« Mama öffnet die Tür. Sie hat das Telefon in der Hand. Es klingelt wieder. Theo verschränkt die Arme hinter seinem Rücken und setzt ein braves Lächeln auf.

»Ich bin hier«, strahlt Theo.

»Klingelt mein Handy bei dir?« Mama schaut sich im Kinderzimmer um und schnüffelt. »Was riecht hier so?« Sie sieht Theo an. »Und wie siehst du aus?«

»Es duftet und ich sehe aus wie ich«, versucht Theo Mama zu beruhigen. Wieder klingelt es. Mama hat eine gute Nase. Sie geht auf die Knie und schaut unter das Bett. Genau dort, wo Theo sitzt und wo es klingelt. Mama zieht die Schüssel hervor.

»Meine Schüssel!«, sagt sie und zieht die Stirn

kraus. Es klingelt. »Mein Handy?« Entsetzt schaut Mama in die Schüssel. »THEODOR! Was ist das für ein Zeug?«

»Papas Rasiersahne«, sagt Theo. Mama schaut ganz komisch.

»Mit Sachen drin«, gibt Theo zu. Er greift in die Schüssel und fischt den Lippenstift heraus. Mama lässt einen kleinen Schrei fahren: »Der geht kaputt!«

Theo greift noch einmal hinein. Er hält Mama das geschäumte Handy hin. »Bitte!«, flüstert er.

Mama hält sich das Handy ans Ohr. Obwohl es gar nicht mehr klingelt. »Ich rufe gleich zurück«, sagt sie. Ihr Ohr ist ganz weiß. Dann schiebt sie Theo ins Badezimmer. Sie dreht den Wasserhahn in der Dusche auf.

»Ausziehen!«, sagt sie.

Theo will protestieren. Er mag nicht duschen. Wenn überhaupt, dann will er baden. Aber Mama hat ihm schon den Pulli über den Kopf gezogen.

»Hose runter!« Mehr sagt sie nicht.

Sie stellt die Schaumschüssel in die Dusche. »Alles abwaschen«, befiehlt sie.

Wenn Mama so redet, widerspricht man besser nicht, weiß Theo. Mama tupft vorsichtig ihr Handy mit einem Handtuch ab. Es klingelt schon wieder.

»Es geht noch, obwohl es rasiert ist«, sagt Theo. Ihm fällt ein Stein vom Herzen.

»Jaaa!«, ruft Mama ins Handy. Zwischen ihren Augen ist eine dicke Falte entstanden.

»Hm«, sagt Mama. »Nein, wir brauchen nichts. Doch, halt – du brauchst etwas …«

»Ist das Papa?«, fragt Theo leise. Mama nickt.

»Rasierschaum brauchst du, am besten gleich zwei oder drei Dosen«, sagt Mama ins Telefon, während sie die Hand in die Schüssel taucht und sich den weißen Schaum genüsslich durch die Finger quillen lässt.

Theo und das ewige Eis

Theo arbeitet mit Opa im Garten. Opa schneidet Büsche, Theo zupft Unkraut und lockert mit einer kleinen Hacke den Boden. Die Sonne scheint ihm warm auf den Rücken. Er hockt vor dem Beet und summt vor sich hin.

»Ihr bösen, bösen Unkräuter«, sagt er und zieht einen dicken, grünen Stängel samt Wurzel aus dem Boden. »Ihr nehmt den guten Kräutern das ganze Essen und Trinken weg!«

So hat Oma das erklärt. »Die Unkräuter sind Schmarotzer«, hat sie gesagt. »Sie nehmen dem Salat den Platz, das Licht und die Nahrung weg.«

Neben Theo steht der kleine rote Eimer. Da schmeißt er die bösen Kräuter rein. Theo sieht ein besonders dickes Unkraut. »So, du Schamotzer, dich reiß ich raus.« Zack. Schon liegt der Stängel im Eimer. Aber was ist das? Neben der Stelle, an der das Unkraut stand, liegt ein kleines Felltierchen. Ein winzig kleines Etwas. Es rührt sich nicht.

»Oooopaaaa!«, schreit Theo. »Oooooo-paaaaaaa!«

So etwas Putziges hat Theo noch nie gesehen. So süß sieht das aus!

»Schläfst du oder bist du tot?«, fragt er das Felltierchen. Wo bleibt Opa nur?

»Oooooooooooooooopaaaaaaaaaaaaaaaaaaa!«

»Schrei doch nicht so«, sagt Opa. »Fliegen kann ich noch nicht.«

Endlich ist er da. »Was gibt es denn?«, fragt er.

»Schau mal, das da«, sagt Theo und zeigt auf den Boden.

»Das kann ich ohne Brille gar nicht erkennen, was das ist.« Opa holt die Brille aus der ausgebeulten Tasche seiner Gartenweste. Er setzt die Brille auf die Nase und bückt sich. »Lass mal sehen.«

»Schläft es?«, fragt Theo hoffnungsvoll.

»Ach herrje«, sagt Opa. »Nein, die ist leider tot.«

»Schade«, seufzt Theo. »Aber woher weißt du denn, dass es eine Sie ist?«

»Das ist eine Spitzmaus«, sagt Opa. »Aber es kann natürlich auch ein Er sein.«

»Ist die süüüß«, sagt Theo. »Schade, dass sie tot ist.« Theo streckt die Hand aus.

»Nicht anfassen! Tote Tiere darf man nicht berühren.« Opa hält Theos Hand fest.

»Das ist ja gar kein Tier. Das ist ein Baby«, meint Theo.

»Auch tote Tierbabys darf man nicht anfassen«, sagt Opa. »Man weiß nie, ob das Tierchen vielleicht krank war, und dann können Menschen sich anstecken.«

»Aber anschauen darf ich sie!«, sagt Theo.

»Anschauen darfst du sie.« Opa richtet sich auf. »Ich mache bei den Hecken weiter. Aber versprich mir, dass du sie nicht anfasst!«

Theo nickt. Er kann seinen Blick nicht losreißen. So etwas Niedliches hat er noch nie, noch gar nie gesehen.

Die Spitzmaus ist winzig, nur halb so groß, wie sein Daumen lang ist. Das hellbraune Fellchen wird am Bauch weiß und sieht weich und ein kleines bisschen struppig aus. Die Öhrchen, die Öhrchen! Wie kann man nur so kleine Öhrchen haben, überlegt Theo. Nicht einmal die Babylämmer auf dem Bauernhof waren so süß!

»Ich gebe dir einen Namen«, sagt Theo. Er denkt scharf nach. So etwas Kleines braucht auch einen kleinen Namen. »Füfü, Nünü, Mimi, Nini«, probiert Theo. Das gefällt ihm aber noch nicht richtig. »Ninipü.« Das ist es!

Füfü
Nünü
Nini Mimi

»Du heißt Ninipü«, sagt er zufrieden. Er beugt sich tiefer über Ninipü. Er will sie nur ein ganz kleines bisschen mit dem Zeigefinger …

»THEODOR!«, schreit Opa. Theo zuckt zurück. »Finger weg!«

»Mach ich doch!«, ruft Theo.

Opa stiefelt heran. »Komm, wir begraben sie.«

»Neiiin!« Die Vorstellung, dass Ninipü in die dunkle Erde kommt, findet Theo unerträglich. So etwas Süßes kann man doch nicht begraben! Opa zieht seinen Arbeitshandschuh über, hebt das Mäuschen vorsichtig auf und trägt es zu den Büschen. »Wir legen es hierhin.«

»Wenn es sein muss«, brummelt Theo.

»Und jetzt gehen wir zum Essen. Und Händewaschen nicht vergessen!«, sagt Opa.

»Warum musste Ninipü sterben?«, fragt Theo beim Mittagessen.

»Vielleicht war sie krank«, sagt Mama.

»Oder alt«, sagt Papa.

Theo schüttelt den Kopf.

»Vielleicht hat sie nicht genug zum Fressen gefunden«, sagt Oma. Das könnte sein, denn Ninipü lag zwischen den Unkräutern und die nehmen ja jedem das Essen weg, denkt Theo. Opa klopft ihm auf den Arm.

»Manchmal sterben Tierchen eben und dann sind sie tot.«

»Ist der Tod immer stärker als das Leben?«, fragt Theo.

Mama, Papa, Oma und Opa, alle vier hören auf zu kauen und

sehen sich an. Opa findet zuerst seine Sprache wieder. »Nicht immer«, sagt er. »Nur am letzten, zipfeligsten Ende des Lebens. Da ist der Tod immer stärker.«

Theo nickt. »Und wenn man tot ist, wird man Staub«, sagt er.

Mama hustet. »Theo, bitte. Lass uns über etwas anderes reden als über Staub und den letzten Zipfel des Lebens.«

»Nur im ewigen Eis wird nichts zu Staub«, schiebt Theo hinterher.

»Theo, jetzt hör auf!«, sagt Mama.

Opa muss lachen.

»Er hat doch recht!«

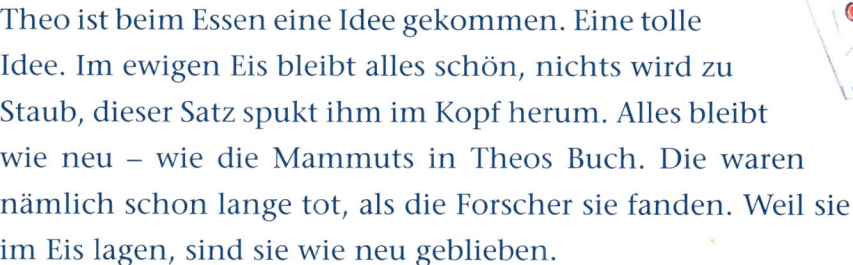

Theo ist beim Essen eine Idee gekommen. Eine tolle Idee. Im ewigen Eis bleibt alles schön, nichts wird zu Staub, dieser Satz spukt ihm im Kopf herum. Alles bleibt wie neu – wie die Mammuts in Theos Buch. Die waren nämlich schon lange tot, als die Forscher sie fanden. Weil sie im Eis lagen, sind sie wie neu geblieben.

»Ninipü soll auch wie neu bleiben«, beschließt Theo.

Er hat auch schon einen Plan. Im Kühlschrank in der Küche gibt es auch ein ewiges Eis. Mama und Papa frieren dort alles ein, was sie aufheben möchten: Schokoeis, Nudelsoße, Fischstäbchen, Pizza und Omas selbst gebackene Brötchen.

»Dann kann ich dort auch Ninipü einfrieren«, sagt sich Theo. Er braucht nur noch ein Gefäß mit Deckel. Seine Brotbox aus seinem Rucksack, die ist genau das Richtige!

»Nur die Krümel müssen raus. Sonst pikt es Ninipü.« Theo spült im Badezimmer seine Brotbox aus. Dann schleicht er sich in den Garten. Opa sitzt unter einem Baum, die Beine weit von sich gestreckt. Sein Kinn ist auf die Brust gefallen. Er schnarcht. Theo kichert.

Er holt seine Arbeitshandschuhe aus dem Gartenhaus. Er hat extrakleine Arbeitshandschuhe. Die sehen aus wie Opas.

Ninipü liegt noch unter dem Busch. Ein paar Ameisen krabbeln aufgeregt um sie und auf ihr herum.

»Weg, ihr dummen Ameisen«, sagt Theo und verscheucht sie mit einem Stöckchen. Vorsichtig fasst er Ninipü an. Er kann ihr Gewicht gar nicht spüren durch die Handschuhe, so leicht ist sie.

Behutsam legt Theo Ninipü in die Box. Jetzt braucht er nur noch das Wasser zum Einfrieren. Er überlegt kurz: Regentonne oder Wasserhahn?

»Regenwasser«, beschließt Theo. Das ist für eine so kleine Maus bestimmt natur-nützlicher, denkt er. Langsam taucht Theo die Box in die Regentonne, damit sie sich mit Wasser füllt. Ninipü kann schwimmen. Sie treibt nach oben.

Das Fellchen ist jetzt ganz nass. Theo schaut sich Ninipü genau an. An den winzigen Schnurrbarthaaren hängt ein Wassertropfen.

»Dein Fell trocknet wieder im ewigen Eis«, flüstert er.

Dann verschließt er die Box. »Du bleibst für immer wie neu, wie die Mammuts aus dem Eis!«

Theo muss sich einen Stuhl vor den Kühlschrank stellen. Das Gefrierfach ist ganz oben. Als er die Tür öffnet, kommt ihm die kalte Luft wie ein eisiger Nebel entgegen. Er schiebt die Box in das Gefrierfach und schlägt schnell die Tür wieder zu.

Am nächsten Tag spielt Theo in seinem Kinderzimmer. Er ist ganz versunken.

»Iiiiiiiiiiiiiihhhhhhh«, schreit Mama plötzlich durch die ganze Wohnung. So laut hat Theo Mama noch nie schreien hören. So laut kann sie bestimmt nicht einmal schreien, wenn ihr hundert Räuber gegenüberstehen!

»THEEEOOODOOOR!«, schreit sie jetzt auch noch.

Oje, Ninipü! Theo rennt in die Küche.

»Wie sieht sie aus?« Er stellt sich auf die Zehenspitzen.

»Ich will mal schauen!«

Ninipü ist umschlossen vom Eis. Ihr Umriss ist nur ganz verschwommen zu sehen. Im Garten sah sie viel niedlicher und goldiger aus als jetzt. Das Goldige kann man unter dem Eis nur noch erahnen. Theo ist enttäuscht. Aber Mama sieht aus, als ob sie ein Gespenst gesehen hätte. Opa und Papa kommen in die Küche gelaufen.

»Was ist das im Gefrierfach?«, fragt Mama mit zitternder Stimme. »Ich wollte eine Pizza herausnehmen und finde das.«

Opa und Papa sehen sich erstaunt an. Dann blicken alle auf Theo.

»Wie ein Mammut aus dem ewigen Eis«, flüstert Theo. »Ninipü sollte doch bleiben wie neu!« Aber seine Stimme ist so leise, dass man ihn kaum versteht.

Opa nimmt Mama das ewige Eis aus der Hand und schiebt Theo aus der Küche.

»Wir zwei Forscher gehen jetzt ganz schnell in den Garten und begraben das Minimammut unter den Büschen«, sagt er. »Sonst schmeißt uns die Expeditionsleitung noch aus dem Haus!«

Theo ist Rettungssanitäter

Theo ist verabredetet. Mit Nico, seinem besten Freund.

»Ich will alleine laufen!«, ruft Theo und schlüpft in seine Schuhe.

Nico wohnt nur fünf Häuser weiter.

»Das sind rund hundert Meter«, meint Papa.

»Wenn ich schnell laufe, sind es nur noch zehn!«

»Quatsch mit Soße.« Papa schüttelt den Kopf. »Es sind immer hundert Meter, egal wie schnell du läufst!«

»Wenn ich schnell laufe, verhuschen die Meter einfach so«, sagt Theo.

»Wenn du schnell läufst, bist du natürlich auch schneller dort«, gibt Papa zu.

»Eben«, sagt Theo. »Deshalb will ich alleine laufen.«

»Warum alleine?«

»Weil ich alleine viel schneller laufen kann. Du und Mama, ihr seid einfach viiiel zu langsam. Ihr schleicht immer so wie die Schnecken.«

»Ha!«, sagt Papa. »Noch bin ich schneller als du.«

»Vielleicht, wenn du dich anstrengst«, meint Theo. »Tust du ja aber nie. Und deshalb will ich alleine laufen.«

Papa seufzt. »Also gut«, sagt er. »Aber du sprichst nicht mit

fremden Menschen, du bleibst weg von der Straße und du bummelst nicht!«

»Weiß ich doch alles«, sagt Theo und ist schon zur Tür heraus.

»Galopp«, ruft er, als er auf der Straße angekommen ist, und rennt los.

Der Wind pfeift in seinen Ohren, so schnell läuft er.

Da sieht er Frau Blumenstock. Die alte Frau wohnt in dem kleinen Häuschen nebenan. Theo erkennt sie schon von Weitem. Sie ist sehr alt. Bestimmt schon hundert Jahre, denkt Theo. Und sie ist sehr klein und dünn. Sehr zerbrechlich sieht sie aus. Neben ihr fühlt sich Theo groß und breit und stark. Frau Blumenstock kommt näher gewackelt. Theo drosselt seine Geschwindigkeit.

»Trab, brrr«, sagt er zu sich selbst.

Wer weiß, vielleicht wird Frau Blumenstock sonst von dem Luftzug umgerissen, den Theo macht.

Gerade will er »Hallo!« rufen – da passiert das Unerwartete, das Schlimme.

Ein Radfahrer fährt vorbei. Sehr schnell und viel zu nah an der alten Frau. »Klingelingeling«, tönt

seine Klingel. Aufgeschreckt dreht sich Frau Blumenstock um. Und dabei geschieht es: Sie stolpert, gerät ins Schwanken und bleibt nur den Bruchteil einer Sekunde am Lenker hängen. Theo sieht, wie sie mit dem Gleichgewicht ringt.

Der Radler befreit sein Fahrrad und fährt einfach weiter.

»Galopp«, ruft Theo. Er will Frau Blumenstock auffangen. So wie ein Superheld das macht. Die alte Frau rudert mit den Armen. Aber ihre Bewegungen sind zu langsam.

»Schneller!«, ruft Theo. Doch Frau Blumenstock kann nicht schneller mit den Armen rudern. Erstens hängt eine Tasche an ihrem Unterarm und zweitens sind ihre Knochen bestimmt rostig.

Frau Blumenstock verliert den Kampf um das Gleichgewicht. Sie fällt auf den Gehsteig.

»Ojemine!«, ruft Theo. Galopp, Galopp, Galopp!

»Frau Blumenstock, hast du dir wehgetan?« Theo beugt sich besorgt über die alte Dame.

Frau Blumenstock wimmert: »Ach Theo, mein Bein, mein Bein. Ich kann gar nicht aufstehen!« Sie sieht ganz blass aus. Und ein bisschen weint sie auch, bemerkt Theo.

»Du brauchst schnell einen Krankenwagen, Frau Blumenstock«, weiß er plötzlich. Wenn man so alt ist und weint, dann muss es ganz schlimm wehtun.

Theo sieht sich um. Nach Hause und zu Nico ist es nicht weit, aber er kann jetzt nicht einfach weglaufen. Mama läuft ja auch nicht weg, wenn Theo weint. Die alte Dame sieht richtig kümmerlich aus, wie ein frisch geschlüpftes, zittriges Küken. Deshalb bleibt Theo einfach bei Oma Blumenstock auf dem Gehsteig sitzen und schreit, so laut er kann: »Hilfe, Hilfe, wir brauchen einen Krankenwagen!«

Tatsächlich eilt ein junger Mann herbei und zieht ein Handy aus der Tasche. »Ich rufe einen Notarzt«, sagt er. »Ich kann aber nicht warten, bis er kommt, ich habe es sehr eilig.«

Kaum hat der Mann zu Ende telefoniert, läuft er weiter.

Nico wartet, überlegt Theo. Aber Frau Blumenstock kann ich nicht alleine lassen. Sie ist jetzt schneeweiß im Gesicht.

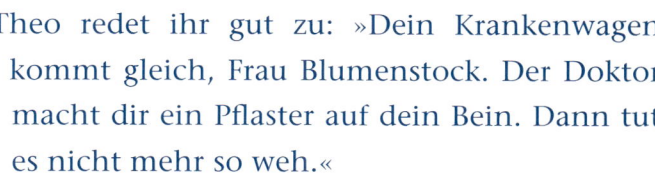

Theo redet ihr gut zu: »Dein Krankenwagen kommt gleich, Frau Blumenstock. Der Doktor macht dir ein Pflaster auf dein Bein. Dann tut es nicht mehr so weh.«

»Ach Theo, du Lieber«, flüstert Frau Blumenstock.

»Du musst an was Schönes denken«, schlägt Theo vor. »Denk an leckere, knusprige Pommes mit viel Ketchup!«

Frau Blumenstock wimmert. Theo nimmt ihre Hand und tätschelt sie vorsichtig. Er überlegt, wie er sie wohl noch aufmuntern könnte. Leider hat sie ja keine Mama mehr, denkt Theo. Das hat sie ihm einmal erzählt, dass ihre Mama schon lange, lange bei den Engeln wohnt. Also kann sie ihr auch kein Eis mehr kaufen. Aber Theo kann es!

»Wenn du tapfer bist, kaufe ich dir ein Knallereis!«, verspricht er. »Aber von Mamas Geld, ja?«

Frau Blumenstock nickt.

»Das kitzelt im Mund.« Theo kichert. »Aber nur, wenn du tapfer bist!«

Frau Blumenstock nickt und zwingt sich zu einem klitzekleinen Lächeln.

Theo klopft vorsichtig auf die kleine, knochige Hand. Frau Blumenstock schluchzt leise.

Arme Frau Blumenstock, denkt Theo. Er gräbt in seiner Hosentasche. Da hat er doch gestern ein Kaubonbon hineingesteckt! Er zieht ihn heraus. Das Papier ist schon ein bisschen ab. Das macht nichts, findet Theo. Das hier ist ein Notfall. Er wickelt das Bonbon vorsichtig aus.

»Hier, Medizin für dich«, sagt er und streckt Frau Blumenstock das Bonbon hin. »Mach mal den Mund auf!«

Die alte Dame öffnet den Mund und Theo legt ihr ganz vorsichtig das Bonbon in den Mund.

»Gleich geht's dir besser«, sagt er.

Theo redet und redet, bis er endlich das »Tatütata« des Rettungswagens hört. Ein Notarzt springt aus dem Wagen und kommt zu Frau Blumenstock gelaufen.

»Wie heißen Sie?«, fragt er.

»Das ist Frau Blumenstock«, antwortet Theo. Die alte Dame nickt dankbar.

Der Arzt und der Rettungssanitäter legen Frau Blumenstock vorsichtig auf eine Trage. Theo hält ihre Hand.

»Theo, ist dir was passiert?«

Theos Mama kommt atemlos angerannt. Von der anderen Seite kommen Nico und seine Mama angelaufen.

»Mir geht es gut«, sagt Theo. »Aber Frau Blumenstock hat ein schlimmes Bein!«

Dann steht der Arzt plötzlich neben ihnen. »Ich denke, dass das Bein nur geprellt ist, aber Genaues können wir erst im Krankenhaus sagen.«

Frau Blumenstock liegt inzwischen im Krankenwagen und lächelt tapfer.

»Deine Oma bekommt jetzt erst einmal eine Spritze gegen die Schmerzen«, sagt der Arzt und klopft Theo anerkennend auf die Schulter. »So einen jungen Rettungssanitäter hatte ich noch nie!«

Theo ist erleichtert. Wenigstens hat es die arme, alte, kleine Frau jetzt bequem in dem großen Krankenwagen. Aber so alleine? Das findet Theo schlimm. Wenn man doch keine Mama mehr hat, die mitfährt.

»Kann ich mitkommen?«, fragt er. »Sie ist doch so alleine.«

Mama schaut den Notarzt ratlos an.

»Das ist kein Problem«, sagt der.

»Ich will auch mit!«, sagt Nico. »Ich will auch Rettungssanitäter sein.«

»Wollen wir beide Notfallärzte spielen?«, fragt Theo. Einen Fuß hat er schon im Krankenwagen.

»Und du, Mama, bist die Krankenschwester und Nicos Mama ist die Oberschwester, ja?«

»Der Patientin würden zwei weitere Ärzte bestimmt guttun«, grinst der Notarzt.

Die Mütter sehen sich ratlos an. Schließlich seufzt Mama. »Die Schwestern holen die Herren Doktoren dann nachher im Krankenhaus ab«, sagt sie und winkt Theo zu, bevor sich die Tür des Krankenwagens hinter ihm und Nico schließt.

Theo und der große Bruder

Es ist Sonntag. Theo frühstückt mit Mama und Papa. Er sitzt auf der einen Seite des Küchentischs, Mama und Papa ihm gegenüber auf der anderen Seite.

»Habt ihr Lust, heute eine Radtour zu machen?«, fragt Papa in die Runde.

»Das ist eine gute Idee«, sagt Mama. »Ich bin dabei.«

Theo schüttelt den Kopf. »Balder hat keine Lust!«

»Balder?« Papa kaut und schluckt. »Wer ist denn das?«

»Mein großer Bruder!«, sagt Theo und beißt in sein Marmeladenbrot.

»Dein großer was?«, fragt Mama.

»Balder ist mein großer Bruder!«, sagt Theo.

»Aha«, sagt Papa.

»Aha«, sagt auch Mama. »Und wo ist Balder?«

»Bei mir«, sagt Theo.

»Und wo kommt Balder her?«, fragt Papa und grinst Mama an.

Theo flüstert etwas in die Luft. »Balder kommt von weit, weit her. Er hat euch überall gesucht!« Theo sieht seine Eltern streng an. »Ihr habt ihn einfach stehen lassen auf der Straße.«

»Niemals!«, sagt Mama. »Niemals hätten wir unser Kind alleine auf der Straße stehen lassen.«

»Balder hat uns ja endlich gefunden«, sagt Theo großzügig.

»Wie alt ist dieser Balder?«, fragt Papa.

»Das weißt du nicht?«

Papa schüttelt den Kopf. Er sieht etwas ratlos aus.

Theo ist empört. »Zehn«, sagt er. »Er geht schon lange in die Schule!«

»Soso«, sagt Papa. »Wie sieht er denn aus?«

»Stark«, sagt Theo und mampft fröhlich weiter. »Sehr stark.«

»Also so wie ich?«, fragt Papa.

»Neee«, sagt Theo. »Wie Opa, nur ohne graue Haare.«

»Aber Haare hat er auch, der Balder?«, fragt Mama.

»Ganz viele.« Theo nimmt sich noch ein Brötchen, obwohl er den Mund noch voll hat. »So wie ich. Noch mehr.«

»Und warum können wir Balder nicht sehen?«, fragt Papa.

»Ich sehe ihn«, sagt Theo. Er schmiert dick Marmelade auf sein Brötchen, legt es auf den Teller und schiebt den Teller rechts neben sich. »Kannste essen«, sagt Theo.

»Wer?«, fragt Papa.

»Na, der Balder. Der hat auch Hunger«, sagt Theo. »Kannste essen«, wiederholt er und schielt auf den Teller neben sich.

»THEODOR! Wenn du dir ein Brötchen schmierst, dann isst du es auch!«, sagt Mama.

»Das ist für Balder«, beharrt Theo. »Nicht, Balder?«

»Jetzt hör auf damit«, sagt Papa.

»Der Balder hat aber auch Hunger. Der kommt von ganz weit her.«

»Du mit deiner blühenden Fantasie«, sagt Papa und wuschelt Theo durch die Haare.

»Dann musst du dem Balder aber auch durch die Haare wuscheln«, sagt Theo bestimmt. »Sonst ist er traurig.«

»Ich sehe keinen Balder«, sagt Papa und steht auf. »Ich will jetzt Rad fahren!«

»Armer Balder«, sagt Theo. »Papa muss sich erst an dich gewöhnen.«

Theo steht mit Mama und Papa im Hof. Papa pumpt sein Fahrrad auf, Mama hängt eine Fahrradtasche an den Gepäckträger.

»Der Balder will nicht Rad fahren«, sagt Theo. »Der Balder will ins Freibad.« Theo schaut so stur aus der Wäsche wie nur irgend möglich. »Und deshalb will ich auch ins Freibad.«

»Solange Balder nicht zu mir spricht, darf er auch nicht entscheiden«, sagt Papa.

»Balder und ich könnten mit Opa ins Freibad gehen«, schlägt Theo vor. »Balder freut sich schon so auf Opa.« Theo sieht seine Eltern treuherzig an. »Er hat Opa so lange nicht mehr gesehen. Seit …«

»… seit wir Balder damals auf der Straße vergessen haben, klar«, brummt Mama und verdreht die Augen. »Aber ICH habe ihm nicht diesen doofen Namen gegeben.«

»Den Namen habe ich ihm gegeben«, sagt Theo.

»Aber du warst doch noch gar nicht geboren, als Balder geboren wurde!«

»Ich war noch eine Sternschnuppe am Himmel«, sagt Theo. »Und von oben habe ich euch den Namen geschickt vom großen Bruder.«

»Ach ja«, sagt Papa.

Opa kommt.

Theo zeigt mit der Hand neben sich.

»Das ist Balder, mein großer Bruder.«

Einen Moment muss Opa überlegen, aber dann kann er sich offenbar an Balder erinnern. Er breitet die Arme aus und ruft: »Balder, mein großer Junge, endlich!«

Theo strahlt über das ganze Gesicht. Opa wiegt eine ganze Menge Luft in den Armen.

»Das reicht dem Balder«, sagt Theo. Vorsichtshalber umarmt er Opa auch.

Mama packt die Badesachen und Theo besteht auf zwei Handtüchern. Der Balder und er können sich unmöglich auf ein Handtuch legen, weil der Balder groß und stark ist.

»Tschüss, ihr zwei«, sagt Papa.

»Ihr drei«, verbessert Theo.

Am Eingang des Freibades zeigt Opa die Dauerkarte für sich und Theo vor.

Die Kassiererin winkt sie durch.

»Wir brauchen aber noch ein Karte für Balder«, sagt Theo und bleibt stehen.

»Wie alt?«, fragt die Frau an der Kasse.

»Zehn«, sagt Theo.

»2,60 Euro«, sagt die Frau.

Opa schiebt Theo durch das Absperrgitter.

»Der Junge ist durchsichtig«, sagt er und zwinkert der Frau zu.

»Durchsichtig, wer?«, fragt sie und schaut Opa an, als ob er Hasenohren hätte.

»Na, dieser Balder«, sagt Opa und setzt sein charmantestes Lächeln auf.

»Welcher Balder?«, fragt die Frau und streckt Opa die Eintrittskarte hin.

»Den gibt es gar nicht«, sagt Opa und zwinkert wieder.

»2,60 Euro«, sagt die Frau.

»Brauche ich gar nicht. Der große Bruder ist doch nur für den Kleinen sichtbar«, sagt Opa und tippt sich an die Stirn.

Die Frau an der Kasse sieht jetzt so aus, als ob sie in eine Zitrone gebissen hätte.

»Haben sie nun ein oder zwei Kinder dabei?«, zischt sie.

»Ich hab nur eins dabei«, seufzt Opa.

»Das macht richtig Spaß, mit dem Balder durchs Wasser zu
toben«, sagt Theo am Abend zu Papa.

Papa und Mama wechseln einen schnellen Blick. »Jetzt
iss«, sagt Mama.

»Nö«, sagt Theo.

»Warum denn nicht?«, fragt Mama.

»Balder hat das Startzeichen noch nicht gegeben«, antwortet
Theo.

»Wie bitte?« Mama wird es langsam zu bunt. »Der fliegt bald
hier raus, dieser Balder«, schimpft sie.

»Wenn Balder geht, gehe ich mit«, ruft Theo trotzig.

Mama schweigt.

»Haaalt«, ruft Papa am nächsten Morgen und schiebt Theo beiseite, als er sich an den Tisch setzen will. »Hier sitzt ab heute unser Balder.«

Theo nickt eifrig. »Wo ist mein Kakao?«, fragt er und zeigt auf seine leere Tasse.

»Leider keiner mehr da. Balder hat heute Morgen einen riesigen Kakaodurst gehabt«, sagt Mama.

»Dann muss Balder heute neuen Kakao kaufen«, sagt Theo.

»Ich gehe ohnehin nachher mit Balder einkaufen. Er braucht neue Klamotten«, sagt Mama. »Er ist aus allem herausgewachsen.«

»Holt mich dann heute Opa ab?«, fragt Theo.

»Er kann nicht.« Papa hebt bedauernd die Schultern. »Er muss Balder zum Fußball bringen.«

»Balder spielt gar nicht Fußball!«, sagt Theo entrüstet.

»Mama und ich haben vorhin beschlossen, dass Balder Sport machen muss. Das Schwimmen hat ihm so gutgetan«, sagt Papa.

»Aber der Opa gehört mir«, sagt Theo zwischen zwei Müslilöffeln.

»Und dem Balder«, fügt Papa hinzu.

»Kommt Opa denn heute Abend noch?«, fragt Theo.

»Das würde er bestimmt gerne, aber er kann nicht.« Papa macht ein bekümmertes Gesicht. »Er geht netterweise auf die Elternversammlung von Balders Schule.«

»Warum das denn?«, fragt Theo.

»Einer muss ja hingehen. Und Mama muss heute Abend noch arbeiten und ich habe Sport«, erklärt Papa.

Theo ist beleidigt. »Balder geht gar nicht in die Schule«, mault Theo.

»Aber THEODOR, natürlich geht Balder in die Schule. Das hast du doch gestern auch selbst gesagt«, erinnert Papa ihn.

Theo zieht ein Schnute.

»Komm, Balder, wir gehen.«

»Nee, nee«, sagt Papa. »Du gehst in den Kindergarten und Balder in die Schule.«

»Balder geht heute in den Kindergarten«, beharrt Theo.

»Schulpflicht!«, sagt Mama. »Papa bringt Balder heute höchstpersönlich zur Schule.«

»Papa soll mit mir gehen!«

»Ich kann leider nicht«, erklärt Papa. »Ich muss noch etwas mit Balders Lehrer besprechen. Schließlich geht er bald in die sechste Klasse.«

»Balder, Balder, Balder«, schimpft Theo. »Ihr habt ja nur noch den Balder im Kopf.«

»Wir haben nun einmal zwei Söhne«, sagt Mama.

»Pfff«, schnaubt Theo. »Ihr seid ja doof. Den Balder gibt's doch gar nicht.«

»Natürlich gibt's den Balder«, sagt Papa.

»Nein, den gibt's nicht«, sagt Theo. Er tippt sich auf die Stirn. »Den habe ich mir da oben ausgedacht.«

»Ach sooo«, sagen Mama und Papa wie aus einem Mund.

»Genau! Und deshalb kann mich Papa in den Kindergarten bringen und Opa kann heute Abend kommen«, sagt Theo. Er ist sehr erleichtert. Schnell läuft er in sein Zimmer und holt seine Kindergartentasche.

»Gott sei Dank«, sagt Papa. »Den Balder sind wir wieder los.«

Mama nickt. »Vorläufig schon.«

Theo hüpft den Flur entlang. »Los, Papa, komm!« Und dann flüstert er leiser als das Fiepen einer Maus: »Und du, Balder, kommst mit mir. Du bist nämlich viiiel zu schlau für die Schule!«

Theo fährt Bus

Theo und Mama laufen die Straße entlang. Direkt vor ihnen hält der Bus an der Haltestelle. »Mit dem will ich fahren«, ruft Theo und zieht Mama an der Hand.

Das passiert mindestens sieben Mal pro Woche: Theo läuft die Straße entlang und just hält der Bus vor seiner Nase.

»Ich will einsteigen«, sagt Theo.

»Wir wohnen hier«, sagt Mama und hält ihn an der Hand zurück. »Wir brauchen nicht mit dem Bus zu fahren.«

»Ich will aber Bus fahren!«, ruft Theo.

Der Bus ist beinahe so hoch wie ein Haus. Und erdbeerrot ist er und er brummt so tief wie ein alter, freundlicher Bär.

»Wir wollen doch gar nirgends hin«, sagt Mama.

»Ich will dahin, wo der Bus hinfährt«, sagt Theo.

»Du weißt doch gar nicht, wo er hinfährt.« Mama zieht ungeduldig an Theos Hand. »Nun komm schon«, sagt sie. »Beim nächsten Mal, wenn wir in die Stadt fahren, nehmen wir den Bus, ja?«

»Gleich morgen!«

»Ach, Theo.«

»Bitte«, haucht Theo und sieht Mama mit diesem Blick an. Wie ein Weihnachtsengel.

»Ach, Theo«, sagt Mama wieder. »Vielleicht«, sagt sie.

Als Theo und Mama am nächsten Nachmittag vom Kindergarten kommen, hört Theo wieder das tiefe Brummen des Dieselmotors hinter sich.

»Da ist er ja!«, ruft er und zieht Mama an der Hand. Der Bus überholt sie und hält wenige Meter vor ihnen an der Haltestelle.

»Heute geht es nicht«, sagt Mama.

»Du hast es versprochen!«

Viel Zeit bleibt nicht. Noch steigen Fahrgäste aus und ein. Dann wird der Bus mit einem »Pffft« seine Türen wieder schließen und weiterfahren. Dabei lässt er jedes Mal einen schönen Dieselpups ab. Es klingt wie ein Pups durch den Auspuff. Das macht der Bus bestimmt vor Freude, denkt Theo. Er findet, dass das rote, breite Hinterteil des Busses sehr fröhlich aussieht, wenn es kleiner wird, wenn es sich immer weiter entfernt und schließlich in den kurzen Tunnel eintaucht, über dem die Züge fahren.

Die letzten Fahrgäste steigen ein, gleich wird der Bus die Türen schließen. Da reißt sich Theo los. Er ist im Recht. Mama hat es versprochen. Sie wird schon kommen, denkt er, das ist so ein Spiel. Theo läuft weg und Mama kommt hinterher.

»Theo!«, hört er Mama rufen. Los, komm!, denkt Theo und springt in den Bus. »Pffft«, schließen sich die Türen hinter Theo. Dann wird das Brummen lauter und der Bus setzt sich in Bewegung. Theo muss sich festhalten. Er strahlt und dreht sich nach Mama um.

Mama steht aber nicht hinter ihm. Ganz kurz sieht Theo ihr Gesicht hinter der Scheibe, auf der Straße. Mama schlägt mit der

flachen Hand an die Bustür. Für einen winzigen Moment sieht Theo, wie sich ihr Mund bewegt. Schnell bewegt. Sie ruft etwas, was Theo nicht verstehen kann. Mamas Gesicht sieht sehr erschrocken aus. So wie damals, als Theo im Schwimmbad ohne Schwimmflügel ins Wasser gesprungen ist. Da hat Theo auch noch Mamas entsetztes Gesicht gesehen, bevor er untergegangen ist und er das ganze Wasser geschluckt hat. Und er hat plötzlich gewusst, dass es keine gute Idee war, ohne Schwimmflügel ins Wasser zu hüpfen. Jetzt weiß er auch, dass es sehr dumm war, sich von Mamas Hand loszureißen und in den Bus zu springen.

»Himmel hilf!«, murmelt er.

»Himmel hilf«, das hat Uroma immer gesagt. Das ist die Mama von der Oma. Und Oma hat Theo erzählt, dass ihre Mama immer »Himmel hilf!« gerufen hat, wenn was wirklich schlimm war. Und was jetzt passiert, ist wirklich schlimm. Theo ist alleine im Bus zwischen all den fremden Leuten. Und was alles noch schlimmer macht: Er hat keine Fahrkarte.

Theo ist plötzlich ganz schwindelig. Er schielt aus dem Fenster. Die Bäume und Häuser, die an ihm vorbeisausen, kennt er überhaupt nicht.

Was mache ich nur, was mache ich nur?, denkt er. Der Bus hält kurz, es steigen mehr Fahrgäste aus als ein. Theo hört den Dieselpups und schon geht es weiter. Ein Platz neben ihm wird frei. Theo lässt sich auf das Polster sinken. Um ihn herum sit-

zen lauter große Schulkinder, die ihn nicht beachten. Am liebsten würde Theo losheulen. Einfach losheulen. Aber das bringt ja nichts. »Vom Heulen wird selten etwas besser«, sagt Opa immer. Theo hört richtig Opas Stimme, wenn er daran denkt.

Mama wird mich finden, überlegt er. So erschrocken, wie sie geschaut hat, wird sie Theo finden, überall auf der Welt. Da ist er sich ganz sicher. So wie damals, als das Wasser einfach über ihn geschwappt ist. »Zack«, wie ein Deckel über eine Kiste, so schloss sich das Wasser über Theos Kopf. Und Mama hat ihn im Wasser gefunden und wieder hochgezogen. Jetzt wird sie mich auch finden. Sie wird hinter dem Bus herlaufen,

bis sie mich findet, denkt Theo und sieht ängstlich aus dem Fenster. Ob der Bus bis ans Ende der Welt fährt? Ob Mama überhaupt weiß, wo das Ende der Welt ist?

Theos Mut sinkt tiefer, je länger der Bus fährt. Er fühlt sich kleiner als eine Ameise auf einem Elefantenrücken.

Mama, finde mich, bitte!, denkt er. Mama, mach was, bitte! Theo kneift die Augen fest zusammen. Mama wird die Feuerwehr und die Polizei rufen und dann kommen die mit Blaulicht und fahren hinter dem Bus her.

»Stopp! Polizei«, wird der wichtigste Oberpolizist in den Lautsprecher sagen. Und Mama sitzt neben ihm und schimpft, dass er schneller fahren soll.

Der Bus hat schon einige Male angehalten und ist wieder weitergefahren. Es gibt immer mehr freie Plätze. Niemand will Theos Fahrkarte sehen. Aber ob das so bleibt? Kann man ins Gefängnis kommen, wenn man keine Fahrkarte hat?, überlegt Theo. Er denkt angestrengt darüber nach, ob Papa, Opa, Mama oder Oma schon einmal etwas über Fahrkarten und Gefängnis gesagt haben.

Aber er kann sich nicht erinnern.

Mama wird bestimmt immer ungeduldiger im Polizeiauto, denkt Theo. »Fünf ist er … Blonde Haare hat er und er kann fast schon lesen«, wird Mama zu dem Polizisten sagen.

»Wir finden Ihren Jungen«, wird der Polizist antworten.

Aber Mama wird das nicht schnell genug gehen. »Lassen Sie mich ans Steuer!«, wird sie sagen und mit dem Polizeiauto losbrausen.

Der Bus ist jetzt fast ganz leer. Theo duckt sich hinter dem Sitz. Die letzten drei Fahrgäste steigen aus. Theo wird es immer schwindeliger – ob er jetzt schon im Ausland ist?, überlegt er. Ein Schluchzer entweicht ihm. Der steigt einfach hoch in ihm. Er kann gar nichts dagegen machen.

Der Bus biegt ab und bleibt vor einem großen eisernen Gitter stehen, das sich langsam zur Seite schiebt. Sie fahren hindurch. Theo schielt aus dem Fenster. Er sieht eine riesige Halle und einige Busse.

»Ein Busparkplatz!«, flüstert Theo. Himmel hilf! Hier kann mich Mama nie finden, denkt er. Sein Herz ist jetzt so tief gerutscht, dass es tiefer nicht rutschen kann.

»Rufen Sie den Polizeihubschrauber!«, wird Mama sagen. »Nur von oben finden wir den Bus.«

»Sie haben vollkommen recht«, wird der Polizist sagen.

»Hallo, Zentrale, wir benötigen einen Helikopter … Ja, den Heli. Wir suchen einen Jungen, sein Name ist Theo …« Mama wird nicht lockerlassen, bis der Heli in der Luft ist, denkt Theo.

Der Bus kommt zum Stehen. Theo späht über den Sitz. Er sieht die getönte Scheibe, hinter der der Fahrer sitzt. Das Funkgerät ist noch an.

»Ich bin im Depot«, hört Theo ihn sagen. »Ich mache jetzt den Funk aus, Feierabend.«

Der Busfahrer streckt sich. Dann steht er hinter dem Lenkrad auf. Vielleicht ist der Mann ja ein Himmel-Helfer, denkt Theo und streckt die Hand hoch. Der Busfahrer hat die Bewegung gesehen. Er ist ein bisschen müde von der Frühschicht und reibt sich nun verwundert die Augen.

»Wen haben wir denn da?«, fragt er. Er ist ein großer grauhaariger Mann und klingt fast so wie sein Dieselmotor.

»Theo«, flüstert Theo.

Mama ist inzwischen bestimmt in den Helikopter umgestiegen, denkt er. Ihre Haare werden vom Luftzug wild durcheinandergewirbelt, stellt Theo sich vor. Bestimmt hat sie ein bisschen Angst vor dem Flug. Aber sie wird einsteigen, da ist er sich sicher.

»Theo, soso!«, brummt der Busfahrer. »Die Polizei sucht dich schon!«

»Mit dem Hubschrauber?«, flüstert Theo. »Weil Mama es gesagt hat?« Theo hält den Atem an. »Oder weil ich keine Fahrkarte habe?«

»Fahrkarte?« Der Busfahrer muss grinsen. »Nee, weil so ein Dreikäsehoch wie du nicht alleine unterwegs sein sollte!«

Theo nickt schuldbewusst. »Ich dachte, Mama läuft mir nach.«

»Die ist nicht so schnell, die Mama«, sagt der Busfahrer und reicht Theo die Hand. »Komm, wir müssen der Polizei funken, wo du bist.«

Im Hubschrauber gibt es auch Funk, weiß Theo. Bestimmt hört er gleich die Rotorblätter und dann landet Mama auf dem Busparkplatz. Theo schaut sich um, wo der Heli landen könnte.

Der Busfahrer schaltet den Funk wieder ein. »Achtung, hier Berni 364. Der gesuchte Junge ist bei mir im Depot, bitte an die Polizei weitergeben.« Eine kratzige Stimme antwortet. Der Busfahrer wuschelt Theo durch die Haare. »Natürlich habe ich es eilig. Ich warte aber trotzdem, bis die Polizei hier ist. Ende.«

Der Busfahrer winkt Theo aus dem Bus heraus. »So, hier setzen wir uns jetzt hin und warten auf deine Mama.«

Theo lässt sich neben Berni auf die Bordsteinkante sinken, direkt vor dem Bus. Der Berni ist mein Himmel-Helfer, denkt Theo. Gerne möchte er ihm etwas schenken. Da fällt ihm ein, dass ja noch sein Frühstück im Rucksack ist. Er hat heute wieder mal nicht alles geschafft. Er kramt das Salamibrot aus seinem Rucksack und hält es Berni unter die Nase.

»Da«, sagt Theo nur.

Berni nickt und sagt: »Ich nehm das gern, ich hab Hunger. Danke!« Schon mampft er genüsslich. »Hast du gar keinen Hunger?«

Theo schüttelt den Kopf. Überhaupt keinen. Sein Magen fühlt sich ganz seekrank an.

»Geht das Brot auch als Fahrkarte?«, fragt Theo.

Berni grinst wieder. »Nee. Aber 'ne Fahrkarte brauchste erst ab sechs. Biste schon sechs?«

Theo schüttelt den Kopf und ist ganz erleichtert.

Fünf Minuten später kommt Mama. Allerdings ohne Helikopter und ohne Blaulicht. Einfach angeradelt kommt sie und hat ganz rote Backen. Der Pförtner öffnet das Gatter des Depots. Mama fährt hindurch und springt vor Theo vom Fahrrad.

»T-H-E-O-D-O-R!«, ruft sie.

»Hallo, Mama!«, sagt Theo und lässt sich ganz fest drücken.

Seine Knie sind so weich, dass er sich einfach fallen lässt. Mama hebt ihn hoch.

»Tu das niiie wieder!«, sagt sie. Ihre Beine sind offensichtlich auch ganz weich, denn sie hockt sich neben Berni auf die Bordsteinkante. Der kaut und nickt freundlich.

»Hmm, Tach«, sagt er und hält Mama Theos Brot hin. Sozusagen als Begrüßung. Mama scheint auch Hunger zu haben, denn sie greift tatsächlich nach der Stulle, beißt einmal hinein und gibt sie Berni zurück.

»Danke«, sagt sie und kaut. »Das ist gut für die Nerven!«

Berni grinst breit und stopft sich den Rest des Brotes in den Mund.

Theo höchstpersönlich

»Das wird ein Riesenfest«, sagt Theo. Er zählt alle Gäste auf, die zu Omas 75. Geburtstag kommen: »Oma natürlich, Opa, der Onkel und die Tante, Frau Rettich und Herr Rettich, Omas Nachbarn, Omas Freundin Edeltraud und Bruno, der Mann von Edeltraud.«

»Du hast ja den wichtigsten Gast vergessen«, sagt Mama.

Theo schüttelt den Kopf. »Natürlich nicht.« Der wichtigste aller Gäste ist Nina. Theos Cousine oder, wie er sagt: »Meine Rosine.« Aber eigentlich ist Nina kein Gast, denn bei ihr zu Hause wird gefeiert. Ihre Eltern, Tante Babs und Onkel Jan, haben den meisten Platz.

Ohne Nina würde Theo

so ein Fest mit so vielen alten Leuten überhaupt nicht überleben. Die sitzen ja nur und essen und reden und reden und essen. Selbst Opa rührt sich dann nicht von der Stelle.

Erst gibt es Salat, dann Suppe, dann Fleisch mit Kartoffeln, dann Nachtisch. Nach dem Nachtisch gibt es Kaffee und Kuchen und so weiter und so weiter. Theo versteht gar nicht, wie man so viel essen kann und wie Oma, Opa, Mama, Papa und alle anderen so lange auf ihren vier Buchstaben sitzen können. Theos Hinterteil drückt und kribbelt spätestens nach der Suppe. Das einzig Gute an Familienfesten ist der Nachtisch und Nina, die Rosine.

Sie ist schon zehn. Und sie ist das tollste Mädchen der Welt, findet Theo. Jedenfalls dann, wenn ihre Freundinnen nicht in Sichtweite sind.

Aber an Omas Geburtstag sind Nina und Theo die einzigen Kinder.

»Mein Croissant!«, ruft Nina und breitet die Arme aus. Eigentlich meint sie »mein Cousin«, aber da Theo sie Rosine nennt, sagt sie zu ihm »Croissant«. Nina hat immer fantastische Ideen auf Lager. Aus jedem Fitzelchen Stoff oder Papier baut und bastelt sie etwas Tolles. Winzige Stofftiere, klitzekleine Raketen oder ganze Spielwelten für Minipuppen.

»Hallo, Rosine«, sagt Theo und umarmt Nina.

»Uh-tschak, uh-tschak, uh-tschak, yeah!«, macht Nina zur Begrüßung. Das hat sie Theo beigebracht. Bei jedem »Uh-tschak« klatschen sie ihre Hände aneinander und bei »Yeah« drehen sie sich einmal im Kreis.

Der ganze Gang steht voller Menschen.

Nina nimmt Theo an die Hand und zieht ihn mit sich fort in ihr Kinderzimmer. »Wollen wir spielen?«

Und ob Theo spielen will!

»Wollen wir spielen, dass du mein Kind bist?«, fragt Nina.

Theo zuckt mit den Schultern. Ritter will Nina ohnehin nicht spielen.

»Na gut, Kindchen«, sagt Nina. »Dann will ich dich mal in die Schule bringen.«

Bevor sichs Theo versieht, hockt er an Ninas Schreibtisch mit einem Blatt vor der Nase und einem Stift in der Hand. »Was ist zwei plus zwei?«, fragt Nina. »Ich bin jetzt deine Lehrerin, okay?«

Theo ist alles recht. Er nickt.

»Vier«, sagt Theo. Da muss er nicht lange überlegen. Rechnen kann er schon gut.

»Schreib's hin!«, sagt Nina und deutet auf das Blatt.

»Vier, kann ich schon«, murmelt Theo und kritzelt eine windschiefe Zahl auf das Blatt.

»Guuut gemacht«, lobt ihn Nina. »Und jetzt male ein Haus.«

»Geht auch ein Raketenhaus?«, fragt Theo.

»Was ist denn ein Raketenhaus?«

»Na, eine Rakete, in der man auch wohnen kann.« Theo schnappt sich den Stift. »Raketen kann ich gut.«

»Du kannst auch ein Raketenhaus malen«, beschließt Nina. »Aber es muss dreifarbig sein.«

Theo strengt sich an. Er ist zufrieden und schiebt das Blatt zu Nina rüber.

»Guuut gemacht«, lobt sie ihn wieder und streicht ihm sogar einmal über den Kopf.

»Wollen wir jetzt Verkleiden spielen?«

»Jaaa«, ruft Theo. Das kennt er schon, das will Nina früher oder später immer spielen. Nina hat eine Holzkiste mit Tüchern, Hüten, Kappen, Krönchen, Schleiern, Gürteln, alten Herrenhemden, Schleifen, Stirnbändern, Sonnenbrillen, falschen Pelzstolas, Schürzen, Taucherbrillen, ausgedienten Omanachthemden und abgelegten Kleidern mit Tigermuster von Tante Babs. Jungenverkleidungen gibt es keine in der Kiste.

»Willst du eine schrullige alte Dame sein?«, fragt Nina. Sie greift tief in ihre Kiste und zieht ein pinkfarbenes Nachthemd heraus. »Aber zuerst müssen wir deine Haare richten.«

Das macht ihr besonders Spaß: Viele Zöpfchen aus Theos dichtem Haarschopf binden. Nina setzt Theo auf ihren Drehstuhl vor dem Spiegel im Schrank.

»Bäääh!« Theo streckt sich selbst die Zunge raus,

reißt die Augen auf und lässt sie nach rechts und links kullern. Begeistert klatscht er in die Hände, als vier wilde Pinsel von seinem Kopf abstehen. »Entzüüüückend«, flötet er durch seine gespitzten Lippen. »Sehe ich nicht töll aus?«

»Bezaubernd«, sagt Nina und gibt Theo einen Schubs, dass er sich samt Drehstuhl einmal um die eigene Achse dreht.

»Einfach wundervoll, Madame Butterkohl!« Sie zieht Theo vom Stuhl. »Und nun die Anprobe!«

Theo bekommt ein Rüschenhemd an, das pinkfarbene Nachthemd obendrüber, eine breite Schärpe als Gürtel, einen transparenten Schal über die wilden Pinsel, eine Perlenkette bis zu den Knien, ein lila Lackledertäschchen um das Handgelenk, die knallroten Pumps von Tante Babs und hellblaue Klips-Ohrringe.

»Betrachten Sie sich, bitte sehr, Madame Buttermehl!« Nina kann sich kaum halten vor Lachen.

Theo schreitet wie eine

Königin vor den Spiegel und bricht in schallendes Gelächter aus. »Bön ich schööön?«, fragt er und biegt sich vor Lachen.

»Lassen Sie uns zu den Gästen schreiten«, sagt Nina und kann gar nicht mehr mit kichern aufhören.

Sie bietet Theo ihren Arm an. Hocherhobenen Hauptes tritt Theo ins Wohnzimmer, obwohl er in den Stöckelschuhen kaum vorwärtskommt.

»Madame Buttermehl möchte die Herrschaften begrüßen«, ruft Nina in das Gesprächsgemurmel der Erwachsenen und klatscht in die Hände. Opa sieht Theo zuerst.

»Mein einziger Enkel hat sich in ein schrulliges Weib verwandelt«, sagt er grinsend. »Wo ist denn nur mein Theo-Bub geblieben?«

»Theo, du bist doch ein Junge!«, sagt Frau Rettich, als ob Theo das nicht wüsste. Sie findet die Verkleidung offenbar nicht lustig.

»Also so etwas«, entrüstet sie sich. »Ein Junge in Frauenkleidung, das geht doch nicht!«

»Was Nina immer aus dem Jungen macht«, sagt Oma und schüttelt den Kopf. Aber lachen muss sie trotzdem.

»Meine Name ist Madame Büttermöhl«, säuselt Theo und macht einen Knicks. Dabei muss er so lachen, dass er umknickt, aus den Stöckeln kippt und beinahe gegen das Bücherregal fällt.

»Madame, Madame, Vorsicht!«, ruft Nina und hilft Theo auf die Füße.

Die Erwachsenen reden weiter. Nina führt Theo zurück ins Kinderzimmer.

»Und jetzt Omas Badeanzug und die rote Badekappe mit den Blumen!«

Theo sieht zum Wegschmeißen aus. An den Blümchen auf der Badekappe kann man ziehen, und wenn man loslässt, schnalzen sie zurück. Der Badeanzug hängt bis zu den Knien über der Hose. Nina befestigt alles mit einem breiten Gürtel. Dann bekommt Theo noch die Taucherbrille auf die Nase.

»Ich schwimme ins Wohnzimmer.« Mit wilden Armbewegungen läuft er durch den Flur.

»Blub, blub, blub!«, ruft er und macht Mundbewegungen wie ein Fisch. »Blub, blub, blub!«

Endlich schauen die Erwachsenen hin.

»Die beiden haben vielleicht Ideen!«, sagt Frau Rettich.

»Ach Gott, den alten Badeanzug hatte ich an, da war ich noch ganz schlank!«, ruft Oma verzückt.

»Blub, blub!« Theo schwimmt wieder aus dem Wohnzimmer.

»Willst du jetzt mein Hund sein?«, fragt Nina.

Theo will.

»Dann musst du aber auf allen vieren gehen«, sagt Nina. »Und Ohren brauchst du auch.« Sie zieht Theo ein Stirnband über den Kopf und klemmt eine Socke unter jede Seite. »Schöne Ohren hast du, Wuffi«, sagt sie.

»Wau, wau, wau«, antwortet Theo.

»Und eine Leine brauchst du noch.«

»Wau, wau.«

»Die binde ich dir um den Bauch. Um den Hals geht nämlich nicht«, erklärt Nina. »Man darf niemals einem Kind etwas um den Hals binden«, sagt sie mit hoch erhobenem Zeigefinger. »Niemals.«

»Wau, wau«, bellt Theo.

Nina bindet Theo einen Gürtel um den Bauch. Daran befestigt sie ihr Springseil.

»Komm, Wuffi.« Liebevoll streichelt sie ihm über den Kopf. »Bei Fuß!«, kommandiert sie und führt Theo ins Wohnzimmer. Dort beginnt er zu bellen, zu jaulen und zu hecheln: »Wau, wau, wufff, grrrr, wauuuuuuo!«

»Ach Gott, bin ich erschrocken«, sagt Frau Rettich. Sie greift sich ans Herz.

»Wie ein echter Hund«, sagt Omas Freundin Edeltraud und kichert schrill. »Das klingt ganz echt.«

Oma schüttelt nur den Kopf.

»Kuchen! Wau, wau.« Theo macht Männchen und lässt die Zunge aus dem Mund hängen.

Opa stopft Theo ein Stück Kuchen in den Mund.

»Und jetzt ab mit dir unter den Tisch.«

Tante Babs ist entrüstet: »Theo ist doch kein Hund!«

»Wau, wau!«

»Bei Fuß!« Nina zerrt an dem Hundestrick. »Ins Ziiiimmer, komm ins Ziiiimmer.« Sie zieht Theo hinter sich her.

»Willst du jetzt eine schöne Prinzessin sein?«, fragt sie ihn.

»Nein!«, sagt Theo und streift sich Stirnband und Ohren vom Kopf.

»Eine Meerjungfrau?«

»Nein!«

»Eine Ballerina?«

»Nein«, sagt Theo. Ihm ist eingefallen, was er gerne sein möchte. Er möchte Theo sein. Von den Zehen bis zu den Haarspitzen.

»Was machst du denn da?«, fragt Nina.

»Ich mache mich nackig«, sagt Theo. »Den ganzen Theo mache ich nackig«, sagt er und zieht sich Hose, T-Shirt, Unterhose und Socken aus. »Damit jeder sehen kann, dass ich es bin.«

Nina kichert: »Das würde ich nicht tun, niemals!«

Splitternackt steht Theo nun da und grinst breit. Er nimmt Anlauf.

»Jipppiiiie!«, schreit er und rennt ins Wohnzimmer. Er reckt die Arme nach oben und schreit: »Hier kommt der Theo!«

Alle Großen drehen sich um.

»Ja, also …«, sagt Frau Rettich und schaut Omas Freundin Edeltraud ganz ratlos an.

»Na, so was«, sagt Edeltraud und grinst Bruno an.

Theo hat eine Runde um den Esstisch gedreht. Er saust zurück ins Kinderzimmer, holt kurz Luft und rennt noch ein zweites Mal ins Wohnzimmer. Er ist so schnell, dass der Fahrtwind an seiner Haut kitzelt, und sein Pipimann schaukelt wild hin und her. Das fühlt sich herrlich an.

»Hier kommt Theo!«, schreit er wieder.

»Theo, zieh dir was an«, sagt Oma und kriegt so einen strengen Blick. Papa verdreht die Augen und Mama seufzt.

Aber Theo ist nicht zu bremsen. Er dreht noch eine Nackedeirunde in Lichtgeschwindigkeit vor den Großen.

Vor dem Esstisch bleibt er kurz stehen. Alle Erwachsenen schauen ihn an.

»Jippiiiie!«, ruft Theo noch einmal, hüpft in die Höhe in seiner ganzen Nackigkeit und saust aus dem Raum. »Das war der Theo mit Bauch und Pipimann«, ruft er noch und ist schon weg. Vor lauter Gekicher bekommt er kaum noch Luft.

Im Wohnzimmer werden Stühle gerückt. »Ich glaube, unser Theo braucht ein bisschen frische Luft und Auslauf«, sagt Mama.

»Ich kümmere mich darum«, sagen Papa und Opa wie aus einem Mund.

Theo und die Schnecken

Es regnet. Theo sitzt am Fenster und beobachtet die Regentrop-
fen, wie sie kleine nasse Straßen an der Fensterscheibe hinterlassen. Morgen fährt er mit Mama und Papa in den Urlaub. Heute
langweilt er sich schon den ganzen Tag. Theo hüpft auf dem Sofa
auf und ab.

»Können wir was spielen?«, ruft er im Vorbeifliegen. Immer
höher hüpft er.

»Ich muss doch packen!« Papa huscht vorbei.

Theo hüpft wilder auf dem Sofa. Immer, wenn er auf dem Sofa
aufkommt, gibt es einen dumpfen Schlag.

»Unser armes Sofa.« Papa schaut um die Ecke. »Na gut. Komm,
wir gehen raus!«

»Bei dem Wetter?«, fragt Theo. Dazu hat er jetzt eigentlich keine Lust.

»Bei dem Wetter gibt es Regenwürmer und Schnecken«, sagt
Papa. Schnecken sind toll. Theo liebt Schnecken.

»Jaaa, wir sammeln Schnecken!« Theo saust in die Küche.
»Wir brauchen ein Gefäß.« Er will sich die Salatschüssel aus dem
Schrank holen.

Aber Papa hält den Schrank mit beiden Händen zu. »Nein, du
wirst keine Schnecke in unsere Schüssel setzen!«

»Dann nehme ich eben den Eimer.« Theo schnappt sich den Putzeimer unter der Spüle. Er ist hellblau und fast so groß wie Theo selbst.

»Da ist eine ganz Dicke«, schreit Theo. Er hat ein Büschel Gras abgerissen und in den Eimer gelegt. Damit es die Schnecken schön weich haben.

»Das ist Bernhardsche«, sagt Theo. Er hält Papa die dicke Schnecke unter die Nase.

»Ein Mordsbrummer«, nickt Papa.

»Bernhardsche soll's gut bei mir haben«, sagt Theo. Er zupft kleine Gänseblümchen ab und streut sie in den Eimer.

»Hast du Hunger, Bernhardsche?«, fragt Theo. Bernhardsche hat seine Fühler ausgefahren und schleimt über die Grashalme.

»Wir suchen Freunde für dich«, verspricht Theo.

Er findet eine ganze Menge Freunde für den dicken Schneck. »Das ist Burgel, die ist genauso dick wie Bernhardsche!«

Schön sehen sie aus, der Bernhardsche und die Burgel, wie sie über die Halme schleimen.

»Da sind ganz viele!« Begeistert geht Theo in die Hocke. »Ihr seid Lara, Lena und Leonie, die Töchter«, bestimmt er und setzt die drei etwas kleineren Schnecken ebenfalls in den Eimer. »Daheim machen wir ein lustiges Schneckenrennen!«

»Du kannst die Schnecken nicht mitnehmen«, sagt Papa.

»Doch! Das sind meine Haustiere«, protestiert Theo. Niemals wird er Bernhardsche und Burgel und ihre Töchter hergeben.

»Wir fahren morgen in den Urlaub!«, sagt Papa.

»Ich nehme Bernhardsche mit«, sagt Theo.

»Das geht nicht. Schnecken wollen auf keinen Fall Auto fahren«, erklärt Papa.

»Bernhardsche ist anders.«

»Nein, ist er nicht.« Papa sieht Theo fest in die Augen. »Bernhardsche stirbt, wenn du ihn mitnimmst.«

Dieser Satz erschreckt Theo. Das will er nicht.

»Lass Bernhardsche wieder raus.« Papa greift nach dem Eimer.

»Nur eine Stunde!«, ruft Theo. »Eine Stunde darf Bernhardsche zu mir.«

»Keine Schnecken im Kinderzimmer!«

»Auf den Balkon!«, sagt Theo.

»Aber nur eine Stunde, dann lässt du Bernhardsche im Garten wieder frei.«

Theo nickt eifrig. Das will er tun. Stolz trägt er seinen Eimer mit Bernhardsche, Burgel, Lara, Lena und Leonie nach Hause.

Theo hockt auf dem Balkon. Bernhardsche ist wunderbar, wie er über Theos Hand schleimt und ihm seine Fühler so neugierig entgegenhebt. Theo nimmt Bernhardsche und setzt ihn sich auf die Nase. Jetzt kann ich ihm in die Augen schauen, denkt Theo. Aber Bernhardsche ist so nah, dass Theo die zwei Fühler nur noch verschwommen sieht. Dafür hat er ein nass-glitschiges Gefühl auf dem Nasenrücken. Das kitzelt.

»Und jetzt machen wir ein Schneckenrennen«, murmelt Theo.

»Nur zwischen Bernhardsche und Burgel.« Sorgfältig setzt er die beiden Schnecken nebeneinander auf den Boden. »Die Mädchen sind noch zu klein«, bestimmt er. Dann ruft er: »Auf die Plätze, Schneck und los!«

Burgel und Bernhardsche setzen sich in Bewegung. Leider in verschiedene Richtungen.

»Halt! So geht das nicht«, sagt Theo. Er setzt die beiden dicken Schnecken hintereinander auf das Balkongeländer aus Metall. »Hier könnt ihr balancieren. Und los!«

Bernhardsche und Burgel machen ihre Sache gut. Sie schleimen einer nach dem anderen auf dem nassen Geländer voran. »Das können die Mädchen aber auch«, sagt Theo und setzt Lara, Lena und Leonie hinter Burgel. »Gut macht ihr das«, freut er sich.

Dann ist die Stunde um.

»Ab in den Garten mit den Schnecken«, sagt Papa.

Theo ist traurig. Er kann sich nicht losreißen von Bernhardsche.

»Ihr seid doch meine einzigen Haustiere«, jammert er in den Eimer.

Aber Papa lässt nicht locker. Missmutig bringt Theo den Eimer in den Garten. Doch statt die Schnecken in die Büsche zu setzen, pustet er eine nach der anderen an. Bernhardsche und Burgel und die Mädchen ziehen gehorsam die Fühler ein und Theo kann sie gefahrlos in die Hosentasche stecken. Dann

stopft er sich noch ein Büschel Gras in die andere Hosentasche und schleicht sich wieder ins Haus.

In seinem Zimmer leert er eine Lego-Schachtel aus, legt sie mit Gras aus und stößt mit seiner Papierschere große Luftlöcher hinein. Gerade so, dass Lara, Lena und Leonie nicht hindurchpassen.

»Das ist euer Haus«, sagt Theo und setzt die Schnecken vorsichtig hinein.

»Wie gut, dass Bernhardsche wieder in Freiheit ist«, sagt Papa am Abend, als er Theo ins Bett bringt. Theo nickt.

»Es ist genau das richtige Wetter für ihn, feucht und warm.«

Wieder nickt Theo. Kaum ist Papa verschwunden, zieht er sein Schneckenheim unter dem Bett hervor.

»Ihr müsst Wasser haben«, flüstert Theo. In seinem Rucksack ist noch eine Flasche Apfelsaftschorle. »Die schmeckt euch bestimmt auch.« Theo lässt ein paar Tropfen auf Bernhardsche und Burgel fallen. Dann darf Bernhardsche noch auf Theos Bettrahmen spazieren schleimen. Er sieht müde aus, findet Theo. Deshalb setzt er ihn wieder zu seiner Familie, klappt den Deckel zu und schiebt den Karton unter sein Bett.

»Gute Nacht, meine Hausschnecks«, flüstert Theo. »Morgen geht das Training weiter.«

Aber Theo denkt erst wieder an die Schneckenfamilie, als sie schon mehr als eine Stunde lang auf der Autobahn fahren.

»Ojemine«, entfährt es ihm. Das arme Bernhardsche! Der Schneck wird verdursten und verhungern. Zwei Wochen geht der

Urlaub. Theo sieht Bernhardsche vor sich, wie er abgemagert und mit geknickten Fühlern versucht, seine Familie aus der Schachtel zu führen.

»Nein!«, flüstert Theo verzweifelt. »Bernhardsche, das wollte ich nicht!« Ob Schnecken um Hilfe rufen können?, überlegt er. Die Nachbarin gießt doch die Blumen. Nein, Schnecken können ja gar keine Laute machen. Theo muss gleich weinen. Fünf kleine hölzerne Kreuzchen auf einem Grabhügel sieht er vor sich.

»Sofort umdrehen!«, schreit er. »Sofort!«

Papa zuckt hinter dem Steuer richtig zusammen.

»Hast du mich erschreckt!«, sagt Papa. »Warum das denn?«

»Bernhardsche verhungert!«, jammert Theo.

»Das glaube ich nicht«, sagt Papa.

»Doch, er stirbt.« Theo ist verzweifelt. »Und ich bin schuld.«

Papa schüttelt den Kopf. »Er sitzt im feuchten Garten und freut sich.«

»Nein.« Theo schluchzt auf. »Er ist eingesperrt, unter meinem Bett!«

»Ach so?« Mama dreht sich zu Theo um. »Ich dachte, du hättest die Schnecken wieder in den Garten gebracht?«

»Neiiin, hab ich nicht!« Theo fühlt sich wie ein Mörder.

»Tja«, macht Mama nachdenklich. Jetzt sagt niemand mehr etwas.

Theo schluckt. Er hat das wirklich nicht gewollt.

»Wie gut ist es doch …«, Papa macht eine bedeutungsvolle Pause, »… dass ich noch einmal unter dein Bett geschaut habe!«

»Du hast Bernhardsche gefunden?«

Papa nickt. »Hab ich. Und ihn samt seiner Familie in den Garten getragen.«

Erleichtert stöhnt Theo auf. »Bin ich froh, bin ich froh!« Er lässt sich in seinen Autositz sinken. »Bin ich froh!«

Theo möchte Papa gerne etwas Schönes sagen, weil er sooo froh ist, dass er Bernhardsche gerettet hat. Eine Weile überlegt er. Dann endlich weiß er etwas Gutes: »Papa, du bist der beste Schnecken-Mensch der Welt!«

Theo ist verliebt

»Warst du mal eine Prinzessin, als du jung warst?«, fragt Theo.

»Hmmm«, nickt Mama. Sie blättert in der Zeitung.

»Hast du einen König geliebt?«

»Klar, ich war der König«, mischt sich Papa ein. »Ich war ein stolzer, tapferer König, sah blendend aus und habe Mama zur Prinzessin gemacht.«

»Pfff«, macht Mama und verdreht die Augen. »Ich war auch ohne dich eine Prinzessin«, sagt sie.

»Oder willst du lieber eine Ritterin gewesen sein?«, fragt Theo.

»Ich war die tapferste Ritterin, die du dir vorstellen kannst«, sagt Mama.

»Sie hat mich zum Knappen gemacht!«, sagt Papa.

Theo überlegt. »Muss man König oder Ritter sein, um einen zu lieben?«

»Nein, jeder Mensch kann lieben.« Papa schaut Theo gerührt an. »Jeder Mensch braucht Liebe. Liebe ist überhaupt das Wichtigste.«

Theo seufzt erleichtert auf. »Gut.«

»Warst du auch schon mal verliebt?« Mama tut so, als ob sie gefragt hätte: »Kann ich mal das Salz haben?«

»Nein, nein, ich nicht.« Theo schüttelt den Kopf. »Gar nie.«

»Deine Nasenspitze wird rosarot«, sagt Mama und tippt Theo auf die Nase.

»Das ist sie jeden Tag. Und jetzt spreche ich nicht mehr.« Theo rauscht ab in sein Zimmer.

Mama hat nämlich recht. Theo ist verliebt. Seit einigen Tagen schon – seit Lucia da ist. Lucia ist neu im Kindergarten, ein bisschen kleiner als Theo und hat einen langen geflochtenen Zopf bis zum Popo. Immer, wenn Theo sie sieht, werden seine Knie ganz warm und wackelig. Er würde sie gerne anrempeln oder ein bisschen boxen, damit sie ihn ansieht.

»Wie macht man jemand in sich lieb?«, fragt Theo Opa. Sie stehen im Garten und wässern mit dem Gartenschlauch die Beete.

»In sich lieb?« Opa versteht kein Wort.

»Na, dass einer einen anderen Menschen verliebt finden will«, sagt Theo so beiläufig, wie es nur geht.

Opa tut beschäftigt. »Du bist also verliebt und willst wissen, wie du das Mädchen in dich verliebt machst?«

»Genau.« Theo starrt auf den Gartenschlauch. »Genau.«

Opa räuspert sich. »Ganz einfach. Mädchen wünschen sich starke Jungs, die vor nichts Angst haben.«

»Nicht mal vor Krokodilen dürfen die Angst haben?«, fragt Theo. »Nicht mal vor Monsterwellen aus dem All?«

»Nicht mal davor.«

»Warst du auch mal so?« Theo sieht Opa skeptisch an. »Hat die Oma dich auch so stark gewollt?«

»Na klar hat sie mich so gewollt«, sagt Opa.

»Aber Oma hat doch selbst vor nichts Angst!«, wendet Theo ein. »Da braucht sie doch gar keinen ohne Angst.«

Opa schaut ein bisschen gekränkt. »Ich habe Oma damals gezeigt, dass ich vor nichts Angst habe und dass ich stark bin, und dann hat sie sich in mich verliebt. Aber wie, sage ich dir!« Opa tätschelt Theo die Schulter. »Sie war ganz verrückt nach mir … Natürlich habe ich mich auch immer schön gewaschen, damit ich geduftet habe.«

Sich immer waschen, das will Theo eigentlich nicht. Und er will auch nicht, dass Lucia verrückt wird. Aber stark sein, denkt Theo, das will er bei Lucia auch probieren. Das gefällt ihm.

Am nächsten Morgen zieht er sein stärkstes T-Shirt an. Das mit dem brüllenden Löwen, der so weit sein Maul aufreißt, dass man das dicke Löwenzäpfchen sehen kann. Er stellt sich vor den Spiegel, betrachtet sich und zieht die Nase kraus. Das sieht stark aus. »Ganz schön stark!«, flüstert Theo.

»THEODOR!« Mama ruft. Sie klingt aufgebracht. »T-H-E-O-D-O-R!« Sie hat gerade telefoniert, Theo hat ein paar Gesprächsfetzen aufgeschnappt: Theo – Lucia – das darf er aber nicht – ich spreche mit ihm darüber – das tut mir leid – arme Lucia.

Theo kann sich schon denken, wer da am Telefon war. Er verkriecht sich hinter seiner Tür und tut so, als ob er spielt.

»Kannst du mir mal erklären, warum du Lucia schüttelst, umwirfst und dich auf sie kniest?« Mama kommt ins Kinderzimmer. »T-H-E-O-D-O-R?«

»Damit sie merkt, dass ich stark bin«, murmelt Theo hinter der Tür.

»Sie ist viel kleiner als du!«

»Ich bin viel stärker!«

Mama schnappt nach Luft. »Dazu gehört kein Mut und keine Stärke, so ein kleines Mädchen einfach umzuhauen.« Mama sieht Theo streng an: »Du wirst dich entschuldigen und ich will das nicht noch einmal hören.«

»Aber … aber …« Theo würde es ja gerne erklären. »Opa hat gesagt, ich soll das tun!«

»Wie bitte?« Mama ist entrüstet. »Dein Opa, der hört gleich etwas von mir.« Mama stapft aus dem Zimmer.

»Ausgerechnet Lucia musst du umhauen, die mit dieser eingebildeten Zickenmutter«, schimpft sie dabei vor sich hin. »Da frage ich mich, woher diese Aggressionen kommen, sagt die mir doch glatt am Telefon.« Mama schnaubt. »Als ob wir uns zu Hause prügeln!«

»Mädchen mögen Geschenke«, erklärt Opa.

»Ich mag auch Geschenke«, sagt Theo. Er steht neben Opa und hält den Gartenschlauch auf die Tomaten. »Mädchen mögen glitzernde, schöne Geschenke, Schmuck zum Beispiel.« Opa zupft ein paar Unkräuter. »Das ist vielleicht noch wichtiger als die Sache mit der Stärke.«

»Das sagst du doch nur, weil Mama geschimpft hat«, brummt Theo.

»Nein, nein. Mädchen lieben schöne Sachen.« Opa legt Theo den Arm um die Schulter. »Wir könnten morgen ein Paar hübsche Haarspangen besorgen.«

»Wenn du zahlst.« Theo ist skeptisch. Sein schönes Taschengeld für Haarspangen auszugeben, kann er sich gar nicht vorstellen. »Mein Geld ist zu schade für so was.«

»Ein echter Kavalier schaut nie aufs Geld«, erklärt Opa.

Theo seufzt. Komisch, denkt er. Nico ist mein bester Freund

und da muss ich gar nichts machen. Das geht alles von allein. Spielen, Quatsch machen, Lachen, sogar das Verabreden. Theo kann sich nicht erinnern, dass er dafür jemals etwas tun musste. Bei Mädchen geht wohl nichts von allein.

Aber Theo kommt eine gute Idee, die ganz ohne Geld funktioniert. Mama hat eine Schatulle mit glitzerndem Zeug. Ketten, Ohrringe, Armreife – alles hat sie in einem kleinen Holzkästchen, ganz unten in ihrem Schrank. Wenn sie sich chic macht, holt sie es hervor und sucht sich etwas aus. Theo hat bestimmt schon hundert Mal alles angesehen. So viel braucht Mama nicht zur Beschmückung, denkt er. So viele Hälse und Arme hat sie ja gar nicht.

Ganz leise holt Theo die Schatulle aus dem Schrank und öffnet sie vorsichtig. Innendrin sind lauter kleine Kästchen. Jedes Schächtelchen sieht sich Theo genau an. Die dicke Goldkette ist nichts für Lucia, denkt er. Die würde sie zu Boden ziehen, so schwer ist sie. Und Omas alter Armreif mit den vielen glänzenden, dunkelroten Blümchensteinen ist zwar sehr hübsch, doch viel zu groß für Lucias Arm. Aber das da, das ist der schönste Schatz! Theo zieht eine silbrige Kette heraus. An ihr hängt ein Stein, der in tausend Farben schillert und glitzert. Wie frischer Schnee in der Sonne. Der Zauberstein, denkt Theo. Der ist so schön und Mama hat ihn eigentlich nie um den Hals. Höchstens ein Mal im Jahr. Das findet Theo sehr schade, dass dieser schöne Glitzerschillerzauber in einem dunklen Kästchen liegt. Das wäre genau das Richtige für Lucia.

Theo wickelt den Zauberstein in ein buntes Taschentuch und stopft es in seine Hosentasche. Mama braucht ihn ja ohnehin nie. Und er braucht ihn dringend, damit Lucia ihn lieb findet.

Theos Herz springt ihm fast aus dem Hals, so schnell klopft es, als er Lucia in der Spielecke den Zauberstein überreicht. Sie reißt das Papier ab, sagt immerhin »Danke« und steckt ihn in ihre Hosentasche. Sie hat ihn nicht einmal richtig betrachtet. Theo ist enttäuscht. Was Opa immer erzählt! In seinem Bauch spürt er einen kurzen Stich. Zurück bleibt ein flaues Gefühl, das den ganzen Tag nicht weggehen will.

Das flaue Gefühl ist auch am Nachmittag noch da. Theo will nicht essen und zum Spielen hat er auch keine Lust.

»Bist du krank?«, fragt Mama und streicht Theo über die Wange. Theo kann nicht antworten, denn es klingelt an der Haustür. Normalerweise rennt er los, um zu sehen, wer kommt. Heute aber nicht. Gott sei Dank. Es ist nämlich Lucias Mutter.

»Das hat Ihr Sohn meiner Tochter heute im Kindergarten geschenkt«, hört Theo sie sagen. Er zieht die Schultern bis an die Ohren. Von Mama kommt kein Ton. Aber dann hört er, wie sie die Luft einsaugt.

»Das … das ist ja mein … mein … mein Brilli… mein Brilliant!«
Mamas Stimme schrillt durch den Flur.

»Den möchten Sie sicher nicht verschenken!« Theo hört an ihrer Stimme, dass die Zickenmutter grinst. »Lucia hat ihn im Sand-
kasten hinter dem Haus verbuddelt. Zufällig habe ich die Kette im
Sand blitzen sehen.«

Mama ist sprachlos. »Theo«, flüstert sie mit gebrochener Stimme. »Theodor …«

Aber nachdem Lucias Mutter gegangen ist, brüllt Mama fast so
laut wie der Löwe auf dem starken T-Shirt.

»Liebe geht durch den Magen«, sagt Opa. Er bringt Theo heute in
den Kindergarten. Das ist auch gut so, denn Mama ist
immer noch sauer.

»Süße, leckere, kleine Happen – und Lucia
wird dich lieben«, verspricht er. »Du teilst
alles mit ihr und heute Nachmittag
seid ihr die besten Freunde.« Er
schneidet Theos Pausenbrot
in Herzform und packt
statt Käse dick Schoko-
creme darauf. Er pikt
Trauben, Käse- und
Wurststückchen mit
Gummibärchen auf
Zahnstocher. Das sieht

sehr hübsch aus, findet Theo. Opa schneidet sogar Blümchen aus den Karottenscheiben. Jetzt ist der Rucksack voller himmlischer Köstlichkeiten und Theo voller Erwartungen.

»Wie war's?« Opa steht im Garten und wässert die Tomaten, Theo hockt auf einem umgedrehten Eimer. Den Rucksack auf seinen Schultern spürt er kaum. Er ist leer. Völlig leer gegessen.

»Ich habe Hunger«, brummt er. »Alles hat sie mir weggegessen. Mit ihren Freundinnen. Alles weg. Ratzeputz.«

»Dann hat es also geklappt?«, freut sich Opa.

»Nix hat geklappt«, schnaubt Theo. »Macht aber nix.«

»Wie? Was heißt das, macht aber nix?«

»Ich bin nicht mehr verliebt.«

»Warum denn nur?« Opa zupft das Unkraut aus dem Boden und blickt erstaunt hoch.

»Das Verliebtmachen ist schlimm.« Theo steht auf.

»Du hast es doch geschafft«, sagt Opa.

»Gar nix habe ich. Will ich aber auch nicht mehr.« Theo macht ein Gesicht wie jemand, der ganz genau weiß, was er will. »Ich heirate Nico. Der ist mein bester Freund. Ich muss ihm dafür nichts schenken. Und er hat auch leckere Sachen im Rucksack und ich kann mein Brot alleine essen. Und gleich stark sind wir auch. Nico beschützt mich und ich beschütze Nico.«

»Aber …« Opa will etwas sagen, doch Theo unterbricht ihn.

»Nix Aber.« Er zupft an Opas Hand. »Und du, Opa, du musst

noch viel lernen von der Liebe, gib's zu!« Theo wartet und zupft noch einmal an der großen, alten Opahand.

»Na ja, vielleicht«, meint Opa und schaut Theo an wie ein Hund, der auf seinen Knochen wartet.

Theo denkt mit

Immer verschwinden Sachen im Kindergarten. Dieses Mal sind es Theos Gummistiefel, die wie vom Erdboden verschluckt sind. Einfach weg. Der Garderobenplatz ist leer. Die Erzieherin hat alles durchsucht, das ganze Haus. Aber die Gummistiefel bleiben verschwunden.

»Du brauchst neue«, sagt Mama und seufzt.

Mama und Theo gehen in den großen Schuhladen mit der Riesenrutsche.

Gummistiefel gibt es in allen Farben. Theo will die grell orangefarbenen. »Das ist die Farbe von den Müllmännern!«, sagt er. »Die will ich haben.«

Theo findet Müllmänner toll. Die haben schöne, leuchtende Anzüge an, die kann man sogar in der Nacht erkennen. Und Opa sagt, Müllmänner sind Helden, weil sie den ganzen Abfall entsorgen, den die Leute machen.

Leider sind die Müllmänner-Helden-Gummistiefel etwas teurer als die anderen.

»Und dann verschwinden sie wieder einfach«, mault Mama.

»Nein, nein. Dieses Mal passe ich auf«, verspricht Theo. Am liebsten will er die Müllmänner-Gummistiefel gleich anbehalten.

Mama will noch ein bisschen in der Damenabteilung schauen.

Theo mag das überhaupt nicht, wenn Mama Klamotten oder Schuhe betrachtet. Sie ist dann wie ein Hund, findet er. Mal schnuppert sie da, mal schnuppert sie dort. Und alles dauert ewig. Schrecklich langweilig ist das. In dem Schuhladen mit der großen Rutsche lässt es sich aushalten. Hier kann sich Theo wenigstens die Zeit vertreiben, während Mama die ganzen Schuhe anprobiert. Mindestens hundert Paare hat sie schon angehabt.

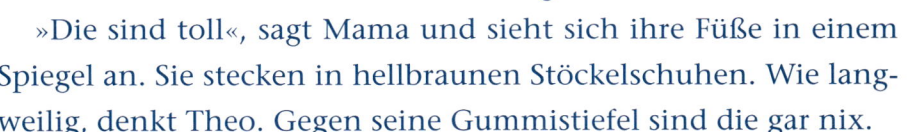

»Die sind toll«, sagt Mama und sieht sich ihre Füße in einem Spiegel an. Sie stecken in hellbraunen Stöckelschuhen. Wie langweilig, denkt Theo. Gegen seine Gummistiefel sind die gar nix.

»Und bequem sind sie auch!«, sagt Mama zu der Verkäuferin. Die nickt begeistert.

»Solche habe ich schon immer gesucht«, strahlt Mama.

»Und auch noch runtergesetzt!«, sagt die Verkäuferin. »Sie haben so ein Glück, das ist nämlich das letzte Paar in Ihrer Größe.«

Mama nickt verzückt. »Und sooo bequem«, wiederholt sie und dreht sich vor dem Spiegel.

Theo hört sich von der Rutsche aus alles an. »Können wir jetzt endlich gehen?«, fragt er.

Mama nickt wieder. »Wir müssen nur noch zahlen.«

»Das ist wirklich ein guter Schuh«, sagt die Verkäuferin, als sie alles einpackt.

»Mein Gummistiefel ist auch ein guter Schuh!«, sagt Theo.

»Aber natürlich«, sagt die Verkäuferin und schenkt Theo noch ein Päckchen Gummibärchen.

Mama lächelt selig und sieht sehr glücklich aus.

»Chic, oder?« Mama streckt ihren Fuß mit dem neuen Schuh dran von sich und zeigt ihn Papa.

»Hast du nicht schon solche?«, fragt Papa.

»Nein«, protestiert Mama. »Hellbraune wollte ich schon immer haben und nie habe ich gute gefunden.« Sie dreht sich im Wohnzimmer. »Die ziehe ich gleich morgen zur Arbeit an.«

»Meine Gummistiefel sind aber die besten«, sagt Theo und stiefelt zufrieden durch die Wohnung.

»Darauf schreiben wir jetzt erst einmal deinen Namen und am besten auch noch die Adresse.« Mama holt einen dicken schwarzen Stift aus der Schublade. »Wasserfest!«, sagt sie.

Sie schreibt THEO und seinen Nachnamen und seine Adresse.

Der Stift schreibt schön dick und quietscht ein bisschen dabei. Die Buchstaben sehen groß und stark aus. Mama malt noch einen kleinen Maulwurf an die Seite. Das kann sie gut.

Den Stift lässt Mama auf dem Tisch liegen. Theo betrachtet ihn lange. Der kann zaubern, denn er ist wasserfest. Nicht so wie Theos Malstifte, die verwischen können. Zu gern möchte Theo auch mit diesem Stift malen.

Er zieht den Deckel ab. Der Stift riecht auch ganz anders als seine Malstifte – nach Tankstelle, findet er.

»Was könnte ich malen?«, flüstert er. Er macht einen kleinen Strich auf seinem Finger. Abwischen kann er den Strich nicht mehr. Auch mit Spucke bleibt das Schwarze genauso, wie es war.

Jetzt weiß Theo, was er malen kann! Mamas Schuhe müssen ja auch noch beschriftet werden. Nachher verschwinden die noch bei der Arbeit, denkt Theo. Er läuft ins Schlafzimmer. Die Schuhe liegen in der Schachtel auf dem großen Bett. Theo holt sie aus dem Karton.

»Mama hat sie noch nicht beschriftet«, flüstert Theo. Sie hat bestimmt noch keine Zeit dafür gehabt. Kurz zögert er. Er hat so ein Gefühl im Bauch. Ein Gefühl, als sollte er den Stift eigentlich wieder verschließen und auf den Tisch legen. Aber Theo muss jetzt etwas mit diesem Stift malen.

»M-A-M-A«, buchstabiert Theo. Er versucht, ganz gleichmäßige Buchstaben zu malen – mit dem dicken Stift macht das richtig Spaß.

»Das sieht gut aus!«, sagt Theo. Er möchte gerne noch etwas auf die Schuhe malen, damit Mama sich freut. Aber einen Maulwurf kann er nicht.

»Raketen, ich kann gut Raketen«, findet Theo. Auf jede Fußspitze malt er eine schöne Rakete. Mit runder Luke und einem Feuerschweif. Das gelingt ihm prima.

Theo betrachtet sein Werk. Noch nie hat er so schöne Raketen gemalt. Er ist zufrieden. Aber dann steigt plötzlich dieses Gefühl wieder auf, tief unten aus dem Bauch. Zieht Mama bei der Arbeit überhaupt ihre Schuhe aus?, überlegt Theo.

Nein! Das tut sie nicht. Also kann auch keine andere Frau im Büro die Schuhe verwechseln.

»O nein!«, entfährt es Theo. Er fasst sich an die Stirn. Ihm stockt der Atem. Wie kann ich das wieder abmachen?, denkt er. Er leckt den Zeigefinger an und reibt über die Raketen. Nichts, außer dass das Leder auch noch Flecken bekommt. Theo wird ganz schwindelig. Das gibt Ärger! Mega-Riesen-Schreckensärger. Am liebsten würde er schrumpfen und in einem Mauseloch verschwinden.

Schnell legt er die Schuhe zurück in den Karton, schließt den Deckel und schiebt alles unter das große Bett. Nichts wie weg hier, denkt Theo. Er läuft rüber zu Opa. Aber das schlechte Gefühl im Bauch kommt immer mit.

Der Augenblick wird kommen, der Augenblick, in dem Mama ihre Schuhe sucht. Sie wird rufen: »Hat jemand meinen Karton gesehen?« Theo seufzt. Er hört Mama, sie räumt irgendetwas auf. Er hört ihre Schritte, wie sie Richtung Schlafzimmer gehen. Er erinnert sich, was die Verkäuferin alles Tolles über die Stöckel gesagt hat. »Das letzte Paar! So günstig! So schön! So bequem!«

Am liebsten würde er losheulen. »Bringt aber nix«, flüstert Theo.

Er läuft in sein Zimmer, steigt auf einen Stuhl, damit er an das Regal herankommt. Dort oben steht sein Sparelefant. Der hat inzwischen ein stolzes Gewicht. Fast alles Geld, das er von Oma und Opa bekommt, steckt Theo da hinein. Er streicht mit seiner Hand über den Rücken des Sparelefanten. So viel Geld!, denkt er und überlegt kurz, was er sich davon alles kaufen könnte.

Mama ruft: »Theo? Hast du meine Schuhe gesehen?«

Theo geht ins Schlafzimmer, den Elefanten unter dem Arm. »Hier habe ich sie hingelegt«, sagt Mama. »Jetzt sind sie weg.«

Wortlos hält Theo Mama den Sparelefanten hin. Sie schaut ihn erstaunt an. »Was soll ich denn damit?«, fragt sie.

Theo kniet sich vor das große Bett, zieht den Schuhkarton hervor und stellt ihn auf die Decke.

»Was soll das denn, THEODOR?« Mama scheint langsam zu begreifen, dass Theos Verhalten nichts Gutes zu bedeuten hat. Theo lässt den Kopf hängen.

Mama nimmt den Deckel des Kartons ab. Entsetzt reißt sie die Augen auf. Sie schnappt nach Luft.

»Meine … meine Schuhe …«, stammelt sie.

»Damit sie nicht verschwinden«, bringt Theo hervor. »Unsere Adresse kann ich noch nicht schreiben.«

Sprachlos setzt Mama sich auf das Bett. Theo legt ihr den Sparelefanten in den Schoß.
»Kannst du alles haben!«,
sagt er kleinlaut.

»THEODOR«, sagt
Mama. Sie sieht
ganz unglücklich
aus. »Meine neuen
Schuhe!«

»Du kannst meine Gummistiefel den Müllmännern mitgeben. Ich laufe barfüßig«, haucht Theo. Er würde alles tun, damit Mama weiß, dass es ihm sooo leidtut. »Du kannst alle meine Schuhe wegtun«, schlägt er vor.

»Ach, Theo«, seufzt Mama. »Ich glaube, ich muss gar nichts sagen, oder?«

»Nein, musst du nicht«, sagt Theo.

»Meine schönen Schuhe.«

Fast weint Mama. So kommt es Theo jedenfalls vor. Sie sieht sehr verzweifelt aus, aber sie hat keine Tränen in den Augen.

Theo und Mama hocken wortlos nebeneinander. Keiner bringt etwas heraus. Theo fühlt sich wie versteinert. Dann räuspert sich Mama.

»Die Raketen sind dir gut gelungen.« Sie blickt auf die beiden Schuhe in ihren Händen. Wieder sieht sie aus, als würde sie gleich weinen, nur ohne Tränen. »Aber wenn du jemals wieder etwas anderes bemalst als ein Stück Papier …« Mama sieht Theo so scharf an, dass sie Brot mit ihrem Blick schneiden könnte. »Dann reiße ich dir den Kopf ab!«

Theo nickt erleichtert. »Kopf abreißen«, das geht ja noch, findet er. Er steht auf, fällt Mama in die Arme und drückt sie fest. Dabei muss er einmal von ganz tief innen seufzen.

Theo will Geschwister haben

»Und wenn du jetzt sterben musst?« Theo hat die schlimmsten Befürchtungen. Papa hat eine dicke, fette Erkältung. »Und wenn Mama auch stirbt?«, fragt er weiter, ohne eine Antwort abzuwarten.

»Keiner stirbt hier«, sagt Papa und zieht geräuschvoll die Nase hoch.

»Doch. Alle sterben irgendwann und ich bin dann ganz alleine.« Beleidigt presst Theo die Lippen aufeinander.

»Von einem Schnupfen stirbt man noch lange nicht.« Wieder zieht Papa die Nase hoch. Er hat einen dicken Schal um den Hals gewickelt. Immerhin ist er wieder auf den Beinen. Und Mama sah auch schon mal besser aus. Ihr läuft die Nase und ständig muss sie niesen. Theo passt es überhaupt nicht, dass alle schlappmachen. Wer soll sich um ihn kümmern, wenn alle tot sind?

»Opa und Oma sind auch schon alt und sterben bald«, schnieft Theo. »Und ich bin dann ganz alleine.«

»Opa und Oma überleben uns alle, uns alle, das sage ich dir.« Papa schnäuzt sich in ein Taschentuch. »Und morgen sind Mama und ich wieder fit wie ein Turnschuh. Du bist nicht alleine.«

»Doch. Ihr seid tausend Große gegen einen Ich.« Theo zeigt auf sich selbst. Seit Tagen schon will er Mama und Papa davon

überzeugen, dass er dringend Geschwister braucht. Nicht nur, weil er ganz alleine wäre, wenn alle sterben. Er hat es einfach satt, das einzige Kind zu sein. Beim Frühstück, beim Abendbrot, beim Spaziergang, beim Eisessen, immer heißt es: »Theo, pass auf. Theo, tu dies oder das. Theo, es kleckert. Theo, Theo …«

Theo kann seinen eigenen Namen nicht mehr hören. Er kommt aus Omas, Opas, Papas und Mamas Mund, Theo hier, Theo da. Niki, Nina, Leo und Lara. Es gibt doch so viele Namen für neue Geschwister.

»Ich will, dass es hier noch mehr Kinder gibt«, fordert Theo. »Ich will Schwestern und Brüder.«

Papa verschluckt sich an seinem Erkältungstee. »Gleich mehrere?«

»Bis mein Zimmer voll ist.«

»Da würdest du dich aber umschauen.«

»Dann würde es mir viel besser gehen mit Geschwistern. So wie Nico. Der hat sogar eine neue Schwester bekommen, einfach so, ohne zu fragen.«

»Mit Geschwistern muss man teilen, ist dir das klar?« fragt Papa.

»Klar ist das klar.«

Theo baut sich vor Papa auf. »Mit Geschwistern bin ich viel froher.«

»Du bist fröhlicher, wenn du die Hälfte der Schokolade abgeben musst?«

Theo nickt. »Und wenn was kaputt geht, dann teile ich das aber auch.« Das ist nämlich das Schlimmste für Theo. Sobald etwas kaputt ist oder unauffindbar, schmutzig, zerkratzt oder befleckt – immer war es Theo. Das denken Mama und Papa jedenfalls. »Theo, hast du schon wieder die Schokocreme auf das Sofa geschmiert?«, fragen sie dann. »Theo, hast du den Teller zerbrochen, die CD zerkratzt, den Dreck im Treppenhaus verteilt?« Immer war es Theo. Das stinkt ihm bis über beide Ohren.

»Wenn ich das einzige Kind hier bin, bin ich immer an allem schuld«, sagt Theo.

»Wenn du es aber doch warst?«, sagt Papa.

»Es sollen aber auch mal die Geschwister was Schlechtes machen«, fordert Theo. »Warum immer ich?«

»Du musst doch gar nichts Schlechtes machen«, schlägt Papa vor.

»Eben. Das können meine Brüder und Schwestern doch auch mal machen.«

Papa schüttelt den Kopf. »Deine Logik verstehe ich nicht.«

»Immer muss ich alles alleine machen. Sogar den Dreck.« Niemand versteht ihn, findet Theo. Plötzlich fühlt er sich einsam wie ein Wasserfloh unter lauter Fischen, oder wie eine Maus unter vielen Katzen.

»Du hast so viele Freunde«, sagt Papa. »Du kannst sie immer mitbringen, dann könnt ihr Geschwister spielen.«

Das ist endlich mal ein Lichtblick, findet Theo. Er darf sich seine Brüder und Schwestern mit nach Hause bringen!

»Jeden Tag?«

Papa brummt etwas.

»Jeden Tag?«

»Von mir aus jeden Tag.«

Über diesen Satz muss Theo lange nachdenken.

»Das ist Oskar, mein Bruder.« Theo legt den Arm um Oskar, damit Mama sehen kann, dass sie Blutsbrüder sind. »Oskar kommt heute mit zu uns nach Hause.« Oskars Mutter hat nichts dagegen.

»Oskar ist auch dein Sohn«, erklärt Theo Mama. »Wenn jetzt was weg oder schmutzig ist, war es vielleicht Oskar.«

»Ich mache nichts schmutzig«, verkündet Oskar.

»Aber es kann sein, dass du es warst«, sagt Theo.

»Mache ich aber nicht«, sagt Oskar und trottet neben Theo und Mama her. Sie laufen nach Hause.

»Aber Hunger habe ich«, sagt Oskar. »Gibt's Mittagessen?«

»Mama kocht dir dein Lieblings-essen«, verspricht Theo, bevor Mama überhaupt antworten kann.

Tatsächlich kocht Mama Oskar den Schoko-pudding, den er sich wünscht. Theo hat sich unterdessen die Hände gewaschen und lauter Dreckspratzen im Badezimmer an den Kacheln hinterlassen. Er findet, dass Oskar für den Schoko-pudding auch die Dreckspratzen übernehmen kann. Gerade ruft Mama wieder: »T-H-E-O-D-O-R!«

»Kannst du sagen, dass du es warst?«, flüstert Theo seinem Freund zu. Das will Oskar aber nicht. Stattdessen fragt er Mama: »Kann ich hier auch Abendbrot kriegen?«

Oskar bleibt zum Abendessen und isst für drei. Theo findet, dass Oskar kein so richtig toller Bruder ist. Er hätte ruhig Theos Dreck machen können. Morgen will er sich eine Schwester nach Hause einladen.

»Das ist Lotti, sie ist meine Schwester«, sagt Theo zu Papa, als er ihn am nächsten Tag abholt. Lottis Mama hat nichts dagegen, dass Lotti heute Theos Schwester ist.

Lotti kann reden wie ein Wasserfall. Schon auf dem Heimweg bereut es Theo ein bisschen, dass er sich ausgerechnet Lotti aus-gesucht hat. Sie schnattert und schnattert den ganzen Weg nach

Hause lang. Papa macht ein gequältes Gesicht und Theo fährt schließlich mit seinem Fahrrad voraus, weil er es einfach nicht mehr aushält. So eine Schwester ist anstrengend, findet er.

Zu Hause wird es auch nicht besser. Man kann überhaupt nicht spielen mit Lotti, findet Theo. Sie will auch nicht seinen Dreck gemacht haben und sie wirft nicht freiwillig Theos Schuhe in den Gang. Mit ihr kann Theo wirklich nichts anfangen.

»Können wir Lotti nach Hause bringen?«, flüstert er Papa zu. »Sie ist keine gute Schwester.«

Aber Lottis Mama ist nicht erreichbar und außerdem will Lotti gar nicht nach Hause. Sie findet es toll bei Theo. Besonders Papa findet sie toll. Schließlich sitzen Papa und Lotti im Wohnzimmer und spielen Mensch-Ärgere-Dich-Nicht. Das fühlt sich wenigstens ein bisschen nach Schwester an, findet Theo. Morgen will er sich aber wieder einen Bruder einladen.

»Opa, das ist Ben«, stellt Theo seinen neuen Bruder vor. »Er ist heute mein Bruder.«

»Ziemlich groß, dein Bruder«, sagt Opa. Ben ist eigentlich Nicos ältester Bruder und schon in der vierten Klasse. Was Opa nicht weiß: Theo hat Ben versprochen, dass er an Papas Computer spielen darf. Nur deshalb kommt Ben überhaupt mit. Heute trifft es sich gut. Papa ist nicht da.

»Passwort?« Ben hat es sich auf Papas Schreibtischstuhl bequem gemacht.

»Passwort?« Theo weiß nicht, was das ist.

»Na, ein geheimes Wort, das man eingeben muss, um den Computer nutzen zu können.«

Daran hat Theo nicht gedacht. »Gib mal Theo ein«, sagt er. »Oder Mama.«

»Sehr originell, geht aber nicht.« Ben rutscht ungeduldig auf dem Stuhl hin und her.

»Probier mal Schokolade«, schlägt Theo vor. »Das mag Papa. Oder Bier.«

»Geht nicht. Noch 'ne Idee?«

»Roulade vielleicht?«

»Klappt nicht.«

»Alte Kackbratze. Geht das?«

Ben kichert, aber Kackbratze geht auch nicht.

Theo fallen noch viele tolle Passwörter ein, aber keines passt und sein neuer Bruder hat leider keine Geduld. Ben verschwindet und Theo sitzt wieder ohne Geschwister da. Das einzig Gute ist, dass Ben die Erde unter seinem Schuh im ganzen Treppenhaus verteilt, bevor er aus dem Haus läuft. Endlich Schmutz, der nicht von mir ist, denkt Theo. Damit ist er schon ganz zufrieden.

Als Nächstes nimmt er sich vor, eine richtig große Schwester zu finden. Es ist nicht einfach, aber Theo schafft es. Auch wenn es drei Tage dauert. Die Schwester eines Mädchens aus dem Kindergarten hat eine Freundin, die hat eine Cousine mit großer Schwester. Die will kommen.

Es klingelt. Oma öffnet. »Hallo, ich bin Jenny, die Babysitterin.« Oma ist baff.

»Ich soll heute kommen«, beharrt Jenny mit den Glitzerohrringen und den langen blonden Haaren.

Theo nickt eifrig. Jenny ge-fällt ihm. Sie sieht aus wie ein Fernsehstar, findet er. Ge-nauso hat er sich seine gro-ße Schwester vorgestellt. »Mama und Papa haben mir eine große Schwester bestellt«, lügt er.

»Wenn das so ist …« Oma ist verdutzt, lässt Jenny aber eintreten.

Die große Schwester ist toll. »Du bist aber ein Süßer«, flötet sie und folgt Theo ins Kinder-zimmer. Sie macht zwar kei-nen Dreck, aber sie spielt mit Theo, was immer er möchte. Wenn sie noch ein bisschen was Schlechtes machen würde, wäre es genau die Schwester, die sich Theo wünscht.

Sie hat nur einen Fehler, wie sich leider bald herausstellt: Sie will Geld. Sie will tatsächlich bezahlt werden fürs Schwestersein.

»Ich nehme neun Euro die Stunde«, erzählt Jenny mit den Glitzerohrringen Oma.

»Neun Euro?« Oma fällt aus allen Wolken. »Neun Euro die Stunde, 18 Euro für zwei Stunden Spielen?« Sie kann es nicht fassen.

»Du wirst deine Schwester mit deinem eigenen Geld bezahlen, aus deinem Sparschwein«, schimpft Mama später.

»Aber ihr müsst …«

»Wir müssen gar nichts. Du hast keine Geschwister, du bist unser EINZIGES Kind. Das ist nun einmal so, und wenn du dir Schwestern kaufen willst, dann gefälligst von deinem Geld.« Mama schnaubt. Sie hält die Hand auf. Sie will die 18 Euro zurück, die Oma Jenny in die Hand gedrückt hat und die Mama Oma anschließend zurückgezahlt hat. »Los, 18 Euro, bitte.«

Was bleibt Theo übrig? Das mit den 18 Euro hat er sich selbst eingebrockt. Er leert den Bauch seines Sparelefanten, bis Mama sagt: »Stopp, das reicht!« Die zwei Münzen, die übrig sind, klingen ganz verloren im Sparelefantenbauch. Geschwister kaufen will Theo in Zukunft nicht mehr.

Aber Geschwister tauschen, das geht, findet Theo. Sein bester Freund Nico hat eine kleine Schwester, die noch ganz neu ist und die er nicht mehr braucht. Er hat nämlich schon zwei Geschwister. Da die Schwester noch klein ist, ist sie bestimmt auch nicht zu teuer zum Tauschen, überlegt Theo. Sie kann ja noch nicht mal laufen. Das Gummischwert und den Holzschild soll Nico für seine kleine Schwester bekommen.

»Und das Weltraumauto mit dem Astronauten!«, verlangt Nico. »Paula ist nämlich sehr süß«, sagt er und beteuert: »Sie macht auch wirklich viel eigenen Schmutz und Lärm!«

Das kann allerdings noch dauern, bis Paula eigenen Schmutz und Lärm macht, denn sie schläft. Sie schläft in ihrem Kinderwagen in Nicos Hof. Nicos Mama hat sie dorthin gestellt, damit sie frische Luft bekommt, während sie schläft. Eigentlich ist das eine günstige Gelegenheit, finden Nico und Theo. Heimlich schieben sie den Kinderwagen aus der Ausfahrt, die hundert Meter bis vor Theos Haus und durch die Hofeinfahrt bis in Theos Hof zu den Mülltonnen. Hier kann Paula schlafen, bis sie nicht mehr will und aufwacht. Solange spielen Nico und Theo mit dem Schwert und dem Schild.

Sie sind zwei Ritter im Kampf um die Welt. Sie verschanzen sich unter Theos Bett und zwingen das Böse, den schwarzen Ritter, gemeinsam in die Knie. Sie spielen und spielen und spielen und vergessen Paula.

Aber Paula lässt sich nicht vergessen. Paula brüllt, wenn sie wach wird, und will ihre Flasche. Auch das hören die beiden Ritter nicht. Doch das Brüllen kommt näher, immer näher. Bis die Tür aufgeht und Mama dasteht mit einer heulenden Paula auf dem Arm.

»THEODOR! Was macht Paula neben unserer Mülltonne?« Mama wippt ein bisschen mit den Knien, damit sich Paula etwas beruhigt. Paulas Kopf sieht aus wie eine Riesentomate, so rot ist er, und die Tränen spritzen in alle Richtungen.

»Ähh«, mehr fällt Ritter Theo momentan nicht ein.

»Ist das vielleicht wieder eine Schwester von dir?«

»Ich habe sie Nico abgetauscht«, gibt Theo zu.

Theos Mama hat genug von allen Brüdern und Schwestern und Nicos Mama ist sauer, weil sie Paula überhaupt nicht abtauschen will, nicht einmal für Geld. Theo hat jetzt erst einmal eine Woche Geschwisterverbot, weil Paula etwas Schlimmes hätte passieren können, im Wagen bei den Mülltonnen.

Theo hockt also erneut ohne Geschwister am Abendbrottisch. Mama und Papa sitzen ihm wie immer im Doppelpack gegenüber.

»Also«, sagt Papa und räuspert sich. »Also«, wiederholt er. »Wir haben uns überlegt …«

»Wir haben uns überlegt«, fährt Mama fort.

»… dass ich Geschwister kriege?« Innerlich macht Theo einen Luftsprung. Er hat es geschafft!

»Nicht ganz«, sagt Mama. »Aber in den nächsten Ferien darfst du ins Ferienlager.«

»Was ist das?«, fragt Theo.

»Urlaub nur für Kinder«, sagt Papa. »Ohne Eltern.«

»Und Geschwister?«, fragt Theo.

»Im Ferienlager hast du jede Menge Brüder und Schwestern«, erklärt Mama und lächelt zufrieden.

Theo macht die Nacht zum Tag

»Ich will nicht ins Bett!« Theo liegt bäuchlings auf dem Wohn-zimmerboden und krallt sich mit den Händen am Türrahmen fest. »Du kannst machen, was du willst. Ich gehe nicht ins Bett«, schreit er.

»Du gehst ins Bett, und zwar sofort!« Mama versucht Theos Hände zu lockern. Vergeblich.

»Ich will nicht ins Bett! Ich will die Nacht sehen.« Theo presst sich, so fest er kann, auf die Erde. Zwischen Bauch und Holzboden passt kein Blatt, kein bisschen Luft mehr. Er ist platt wie eine Flun-der, wie ein Abziehbild haftet er auf dem Boden.

Mama streckt Theo die Hand hin: »Na, komm.«

Aber Theo schlägt nach der Hand, die ihn ins Bett stecken will.

»Nein!«, schreit er.

»Ich zähl bis drei.«

Soll sie doch zählen, bis sie die älteste Oma der Welt ist, denkt Theo.

»Du kannst bis 10-18-9 Milliarden zählen. Ich gehe nicht ins Bett.«

»Fernsehverbot!«, sagt Mama. Einfach nur: »Fernsehverbot.«

»Ich darf sowieso nie sehen, was ich will«, brüllt Theo.

»Es ist halb neun. Ich habe dich vor einer Stunde ins Bett ge-bracht, ich habe dir vorgelesen, es gab hundert Gutenachtküsse – und jetzt ist Schlafenszeit.« Mama schnaubt. »Ich krieg die Mot-ten.«

Theo kennt diese Aufzählung schon. Er will aber nicht. Nicht jetzt. Er will die Nacht sehen. Sein ganzer Körper kribbelt, er will sich bewegen, er will spielen, fernsehen. Er ist noch nicht müde.

»Ich will nicht schlafen.« Theo strampelt mit den Füßen. »Ich kann nicht schlafen.«

»Versuch's!«, sagt Mama.

»Nein!«

»Morgen gibt es kein Fernsehen.«

»Ist mir doch egal«, sagt Theo.

»Ins Bett oder zwei Tage Fernsehverbot.«

»Ist mir egal!« Theo fängt an zu heulen. »Immer darf ich nichts.«

»Das stimmt doch gar nicht«, sagt Mama.

»Ihr dürft alles«, schluchzt Theo. »Ins Bett, wann ihr wollt, und alles.« Dicke Tränen laufen ihm die Backen runter. »Ich darf nie was.«

»Du willst doch noch wachsen, oder?«, fragt Mama. Theo presst die Nase auf den Boden.

Doofe Frage, findet Theo. Wachsen will er natürlich, aber nicht jetzt.

»Ich kann morgen und übermorgen wachsen.« Theo setzt sich auf. »Dann gehe ich auch ins Bett, wann du willst.«

Mama schüttelt den Kopf und presst die Lippen fest zusammen.

»Ab ins Bett.« Sie steht auf. »Ich zähle bis drei.«

»Ich geh nicht ins Bett!«

Da kommt Papa. Er schnappt sich Theo, legt ihn sich über die Schulter und trägt ihn ins Kinderzimmer.

Theo schreit und brüllt und heult. Er trommelt mit den Fäusten auf Papas Schulter und strampelt mit den Beinen, wie er noch nie in seinem Leben gestrampelt hat. Vor lauter Strampeln ist ihm schwindelig. Und weil er jetzt schon über eine Stunde heult, hat er die ganze Nase voller Rotz. Es kommt kaum noch Luft durch. Alles Mamas und Papas Schuld, findet Theo. Sollen sie ihn doch einfach wach bleiben lassen. Seine Tränen vermischen sich mit dem Nasenrotz und tropfen Papa aufs Hemd. Ha, das geschieht ihm recht, denkt Theo.

»Ich will nicht schlafen!«, brüllt er.

Papa setzt ihn im Bett ab und deckt ihn zu. »Schluss, Theodor«, zischt er. »Du bleibst, wo du bist!«

Papa geht raus und schließt die Tür.

Es gibt keinen Gutenachtkuss, kein nettes Wort, kein gar nichts mehr. Und die Tür hat Papa auch verschlossen. Die bleibt sonst immer offen.

Das lasse ich mir nicht bieten, denkt Theo. In ihm kocht eine dicke, gelbe, brodelnde Zornessuppe.

Theo reißt die Tür auf. »Ich geh nicht ins Bett!«

Er spitzt die Ohren. Mama und Papa streiten sich in der Küche.

»… ich habe für heute die Nase voll …«, hört er Mama sagen.

»Du musst einfach mal locker bleiben.«

»Locker bleiben«, grunzt Mama.

»Es ist fast zehn!«

»Bei mir klappt's doch auch!«, sagt Papa. »Ich bringe ihn ins Bett und er bleibt im Bett. Ganz einfach.«

Das glaubst auch nur du, denkt Theo.

Er hockt sich hin und rutscht auf dem Hosenboden den langen Gang entlang bis vor die Küche. Dabei schnaubt er wie ein Walross, das gerade aufgetaucht ist.

»THEODOR!« Mama dreht sich weg, als ob sie das, was sie sieht, nicht sehen will. Und Papa verzieht das Gesicht, als ob er in eine Zitrone gebissen hätte.

»Ich geh nicht ins Bett!« Trotzig schaut Theo seine Eltern an. »Ihr dürft auch noch wach sein.«

Einen Moment lang ist es totenstill in der Küche. Mama sieht gerade gar nicht hübsch aus, findet Theo. Sie macht eine Bewegung, als würde sie ihn gleich anspringen, wie ein wilder Dackel das Hosenbein vom Briefträger. Papa hält sie zurück.

»Ich mache das schon.«

Mama durchleuchtet Theo mit einem Blick, der durch seinen Schlafanzug geht, durch die Haut bis auf die Knochen, wie ein Röntgengerät. »Bis morgen früh möchte ich dich nicht mehr sehen.« Und damit läuft sie aus der Küche Richtung Schlafzimmer. »Gute Nacht!« Mit Nachdruck lässt sie die Tür ins Schloss fallen.

»Und was machen wir jetzt?« Theo grinst Papa an.

»Was du machst, weiß ich nicht. Ich gehe jedenfalls auch ins Bett.« Papa schaut auf die Uhr und gähnt herzhaft. »Hohe Zeit für mich. Na, dann gute Nacht.«

»Und ich?« Theo kann es gar nicht glauben.

»Du musst noch wach bleiben.«

»Warum muss ich?«

»Ich verbiete dir, ins Bett zu gehen«, sagt Papa.

»Ich darf wach bleiben?«

»Nein, du darfst nicht wach bleiben, du musst wach bleiben!«, verbessert ihn Papa. »Bis morgen früh – und jetzt gute Nacht.«

»Stark«, murmelt Theo. Er hat es geschafft. Er kann wach bleiben. Wenn das Nico wüsste! Wirklich stark ist das. Theo muss wach bleiben.

Er geht in die Küche. Von der ganzen Heulerei hat er Hunger bekommen. Er schnappt sich einen Wurstzipfel aus dem Kühlschrank und stopft ihn in den Mund.

Dann will er fernsehen. Im Wohnzimmer ist alles dunkel und still. Theo macht den Fernseher an. Aber der ist plötzlich kaputt. Das Bild krisselt. Es sieht aus, als ob schwarze Pünktchen gegen weiße Pünktchen kämpften. Sie zucken um die Wette wie frisch geschlüpfte Kaulquappen. Das muss ich mor-

gen Papa erzählen, denkt Theo, hockt sich vor den Bildschirm und schaut eine Weile zu. Er glaubt, dass die schwarzen Pünktchen in der Überzahl sind. Schade, dass er keinen gruseligen Erwachsenenfilm sehen kann. Er horcht in die Stille. Vielleicht kommt Mama noch mal aus dem Bett? Er hat ein Geräusch gehört. Ein Klacken oder Tapsen. Theo schleicht den Gang entlang und horcht in die Dunkelheit. Aber er hört nur seinen Atem und die eigenen Fußtapsen auf dem Boden. Sonst nichts. Theo hält die Luft an und schleicht wieder ins Wohnzimmer. Er hüpft ein bisschen auf dem Sofa, aber seine Beine hüpfen nicht so hoch wie sonst. Sie fühlen sich schwer an, als hingen kleine Gewichte daran. Komisch, denkt Theo. Das geht doch sonst besser!
Er lässt sich auf den Popo fallen und seufzt so laut, dass es sogar Mama und Papa im Schlafzimmer hören müssten. Er reibt sich die Augen. Die jucken wie verrückt.

Er kullert auf dem Wohnzimmerteppich nach links und nach rechts. Wenn das Nico sehen könnte! Dann bleibt Theo auf dem Rücken liegen und starrt an die Decke. Und jetzt?

In sein Zimmer kann er ja gehen. Das hat niemand verboten. Er kann mit seinen Rittern spielen. Die liegen im ganzen Zimmer verteilt auf dem Boden. Sie sehen aus wie tot im Schein der

Straßenlaterne, deren Licht durchs Fenster fällt. Lustlos stellt Theo die Ritter auf und wirft sie wieder um. Zum Spielen hat er überhaupt keine Lust. Er klettert auf seinen Schreibtisch und schaut nach draußen. Der große Baum lässt mit seinen Ästen lange Schatten an der Wand tanzen. Theo findet die Schatten ein bisschen unheimlich, er schüttelt sich. Ein Gänsehautschauer läuft ihm über den Kopf,

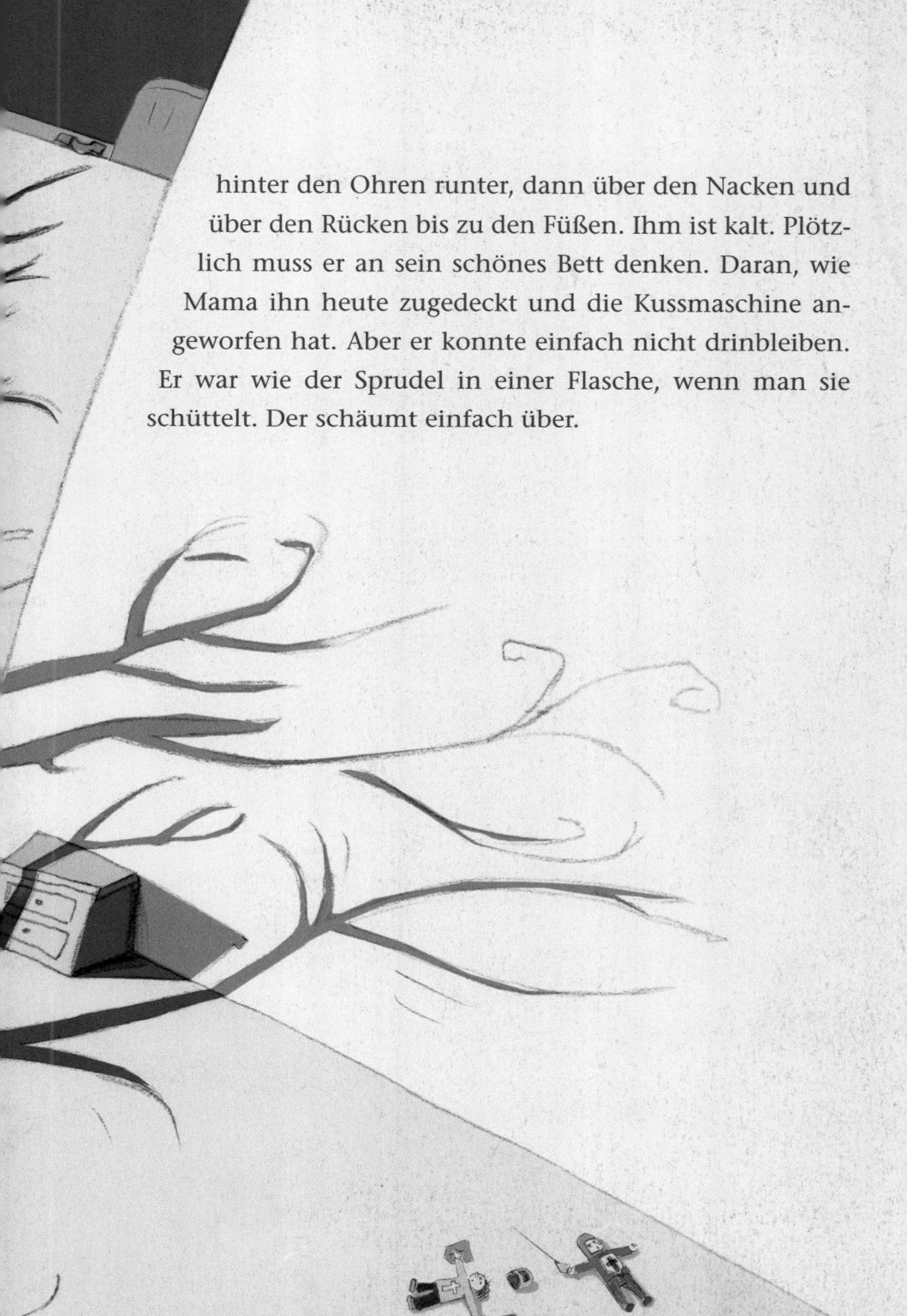

hinter den Ohren runter, dann über den Nacken und über den Rücken bis zu den Füßen. Ihm ist kalt. Plötzlich muss er an sein schönes Bett denken. Daran, wie Mama ihn heute zugedeckt und die Kussmaschine angeworfen hat. Aber er konnte einfach nicht drinbleiben. Er war wie der Sprudel in einer Flasche, wenn man sie schüttelt. Der schäumt einfach über.

Theo seufzt.

Die Schatten der Äste vor dem Fenster winken ihm. Theo drückt die Augen zu.

»Ich will nicht ins Bett.« Er legt sich auf den Teppich und rollt sich zusammen, weil ihm kalt ist.

»Glong, glong, glong, glong.« Die Kirchturmuhr schlägt zwölf Mal.

»Mitternacht«, flüstert Theo. Nur an Silvester war er bisher so lange auf.

Ob man ohne Zudecke erfriert?, fragt er sich. Theo schielt zu seinem Bett. Das Kissen, die Matratze und die Decke erscheinen ihm auf einmal so gemütlich.

»Ich darf ja nicht«, seufzt er kläglich. »Ich würde ja gerne!« Er kugelt sich so klein zusammen, wie es nur geht. Wie ein Ei. Wenn Nico das wüsste, denkt Theo. Wenn er das nur wüsste!

»Ich kann ihn ja anrufen!«, murmelt er. »Sonst glaubt er es mir nicht.« Nico ist sowieso immer der Erste am Telefon.

Er tapst ins Wohnzimmer und nimmt das Telefon.

Er muss es lange läuten lassen.

»Nico!«, flüstert Theo wie zur Beschwörung.

»Jaaa?«, brummt eine tiefe Stimme. Es ist Nicos Papa. Theo weiß nicht, was er sagen soll. Er will lieber schnell auflegen.

»Hallo?«

»Ja«, flüstert Theo.

»Wer ist denn da?«, fragt Nicos Papa.

»Theo.«

»Theo? Mitten in der Nacht?«

»Kann ich Nico sprechen?«, fragt Theo.

»Nein! Der schläft natürlich.« Die Stimme räuspert sich. »Ist was passiert? Wo sind Mama und Papa?«

»Schlafen.«

»Das denke ich mir. Und du gehst jetzt auch schnell ins Bett.«

»Darf ich nicht.«

»Wie bitte?«

»Ich darf nicht ins Bett.«

»Du darfst nicht ins Bett?«

»Papa hat's verboten«, sagt Theo.

»Morgen spreche ich mit deinem Papa. Und jetzt ab ins Bett, Theo!«

»Kannst du Nico sagen, dass ich die ganze Nacht wach war?«, bittet Theo.

»Darauf kannst du dich verlassen«, sagt Nicos Papa. »Gute Nacht.« Er legt auf.

Theo überlegt. Soll ich Opa noch anrufen? Der muss zwar nicht mehr wachsen, aber der braucht den Schlaf, damit er nicht noch mehr schrumpft. Wenn man alt ist, dann schrumpft man nämlich.

Theo muss sich schütteln, ihm ist kalt. Er zockelt in sein Zimmer.

Da steht es, sein schönes Bett.

Theo legt sich wieder auf den Teppich.

Mama und Papa sind Kinderquäler, findet er jetzt. Der Boden ist hart und kalt, trotz Teppich. Theo zieht die Nase schniefend hoch. Er tut sich plötzlich sehr leid.

Eine Weile liegt er so, dann krabbelt er auf allen vieren in sein Bett, sein schönes, weiches Bett. Er vergräbt seine Nase im Kissen und reibt genüsslich die Zehen aneinander. Sie sind eiskalt.

Dann mache ich halt was Verbotenes, denkt Theo. Mir doch egal. Selbst wenn es Fernsehverbot gibt …

Theo und der beste Tag im Leben

Alles läuft schief bei Theo. Einfach alles. Theos bester Freund Nico hat einen neuen besten Freund. Der Neue ist groß und breit und drängt sich zwischen Theo und Nico. An seinem ersten Tag bringt er viele bunte Luftballons mit in den Kindergarten. Solche, die in den Himmel steigen, wenn man die Schnur loslässt. Jeder will einen haben und nach und nach steigen sie alle an die Decke. Die Schnüre bewegen sich bei jedem Luftzug und sind unerreichbar für die Kinder.

Der Neue ist größer, stärker und frecher als alle anderen. Der traut sich was. »Altes Popoloch«, sagt der zum Hausmeister. Gut, der hat das zwar nicht gehört, aber es ist trotzdem verdammt frech und mutig, findet Theo.

Eigentlich sind Nico und Theo sonst immer unzertrennlich. In der Bauecke, im Garten, im Blockhaus, im Gebüsch, am Sandplatz, beim Fußballspielen. Sie sind die dicksten und besten Freunde, die man sich vorstellen kann.

Der Neue redet nicht mit Theo, nur mit Nico. Theo ist wie Luft für den Neuen, wie unsichtbar.

Und Nico? Dem gefällt das. Er findet den Neuen plötzlich besser, toller und wichtiger als Theo.

Auf dem Nachhauseweg trotten Theo und Nico hinter ihren Müttern her. Nicht wie sonst. Sonst laufen sie immer voraus.

»Kommst du heute zum Spielen zu mir?«, fragt Theo.

Aber Nico schüttelt den Kopf. »Ich krieg Besuch«, sagt er.

»Von wem?«, fragt Theo. Das will er jetzt wissen, denn eigentlich ist Theo doch immer Nicos Besuch.

»Ich krieg halt Besuch«, wiederholt Nico.

Theo kann sich schon vorstellen, wer da kommt.

Theo kann an nichts anderes mehr denken als an Nicos Besuch. Er stellt sich vor, wer auf dem roten Sofa sitzt und wer mit Nico im Garten am Klettergerüst kopfunter hängt, wer die geschwungene Holztreppe zu den Kinderzimmern so schnell hinaufrennt, dass er bald hinfällt, und wer gerade so noch die Kurve kriegt. Der Gedanke an den Neuen schnürt Theo das Herz zusammen, ganz eng, wie ein kleines schweres Paket. Und dieses kleine schwere Paket macht Theo traurig. So traurig, dass er nicht einmal weinen kann.

»Kommt Nico heute nicht?«, fragt Mama im Vorbeigehen. Theo schüttelt den Kopf und verzieht sich in sein Zimmer. Er hat zu gar nichts Lust.

»Bist du krank?« Mama kommt hinterhergelaufen.

»Nein, geh raus«, sagt Theo unfreundlich.

»Was ist denn mit dir los?«, fragt Mama.

»Gar nix!«, schreit Theo. »Raus!«

In Theo steigt ein Wutklumpen auf, den er Mama entgegenbrüllt. Unsanft und mit ganzer Theo-Kraft schiebt er sie aus seinem Zimmer.

»Theo, was hast du?«, fragt Mama durch die Tür.

»Nix«, brüllt Theo. »Lass mich in Ruhe.«

»Hallo«, sagt Theo am nächsten Tag. Der Neue und Nico sind in ein Spiel vertieft. »Kann ich mitspielen?«

»Nein«, sagt der Neue.

Nico zuckt mit den Schultern. »Von mir aus.«

»Nein!« Der Neue schüttelt den Kopf und sieht Theo böse an,

dann sagt er zu Nico: »Du musst dich entscheiden, ob du mein oder Theos Freund bist.«

Nico überlegt ganz kurz.

»Wir können ja später spielen«, sagt er schnell und schaut Theo entschuldigend an.

Später versucht Theo es noch einmal. Dieses Mal im Garten. Er hat Glück, er erwischt Nico ohne den Neuen. »Wollen wir spielen?«, fragt er.

Ohne den Neuen an der Seite will Nico sofort. Sie sind Goldgräber und Schatzfinder und spielen mit den Schaufeln hinter dem Haus. Bis der Neue kommt und Theo die Schaufel aus der Hand reißt.

»He!«, sagt Theo. »Mit der spiele ich!«

»Nico ist mein Freund!«, sagt der Neue, baut sich vor Theo auf und schubst ihn. Er stolpert rückwärts und stößt mit dem Kopf an das Gartenhäuschen. Das tut weh. Aber noch schmerzhafter ist der Stich in Theos Brust, denn Nico sagt keinen Ton.

»Gib mir die Schaufel zurück«, schreit Theo wütend und versucht, sie dem Neuen aus der Hand zu reißen. Der ballt jedoch die Faust und verpasst Theo einen Schlag gegen die Schulter. Das macht Theo noch viel wütender. Er könnte auf die ganze Welt einschlagen. Das bringt nur nichts, denn der Neue ist stärker. Er wirft Theo um, hält seine Arme fest und hockt sich auf seinen Brustkorb. Theo kann nur noch mit den Beinen strampeln und schreien. Aber hinter dem Gartenhaus sieht und hört ihn niemand. Nico schaut verdutzt aus der Wäsche, sagt aber keinen Ton.

»Soll ich spucken?«, fragt der Neue und lässt seine feucht-glitzernde Spucke blitzen. Theo schmeißt seinen Kopf hin und her und schreit.

»Sofort runter von Theo!« Eine Erzieherin packt den Neuen von hinten am Kragen.

»Er hat mir die Schaufel weggenommen«, sagt der Neue und fängt wie auf Knopfdruck an zu heulen.

Theo schnappt nach Luft. »Das stimmt doch gar nicht. Nico war dabei. Der weiß, wie es war!« Er starrt Nico an, aber der sagt wieder keinen Ton.

»Stimmt doch, Nico, oder? Ich habe sie zuerst gehabt!«, sagt Theo atemlos. Aber Nico sagt nichts. Seine blauen Augen schauen nur erstaunt unter dem dunklen Schopf hervor. Das ist alles. Nico, sein bester Freund, sagt nicht, wie es wirklich war. Das fühlt sich schlimmer an als ein Schlag auf den Kopf oder Spucke im Gesicht.

Den will ich nie wieder sehen, denkt Theo. Nie wieder will ich mit Nico spielen. Niemals mehr. Nie, nie, nie …

»Eltern können sich doch scheiden lassen von der obersten Stelle, oder?«, fragt Theo Opa. Sie stehen im Garten und betrachten die Rosen.

»Sozusagen, ja«, antwortet Opa.

»Kann man sich auch von seinem besten Freund scheiden lassen?«, fragt Theo.

»Davon habe ich noch nie gehört«, sagt Opa und schneidet

einen wilden Trieb ab. »Warum sollte sich ein Freund von einem besten Freund scheiden lassen?«

»Weil er einen neuen Besten hat«, sagt Theo und schnieft.

»Einen neuen Besten?« Opa versteht nichts.

»Freund«, ergänzt Theo. Opa verschwimmt und die Rosen auch. Weil in Theos Augen das Tränenwasser steigt und steigt wie in einer Schiffsschleuse.

Die beiden sitzen lange auf der Bank im Garten. Es wird schon dämmrig und kühl da draußen. Aber Theo merkt die Kälte gar nicht. Er erzählt vom Neuen und von Nico und Opa hört zu.

»Ein bester Freund bleibt der beste Freund, auch wenn er mal einen Fehler macht«, hat Opa gesagt. Theo muss immer wieder über den Satz nachdenken: »Ein bester Freund bleibt der beste Freund, auch wenn er mal einen Fehler macht.«

Vorerst aber will Theo nichts mehr mit Nico zu tun haben. Ich habe noch andere Freunde, denkt Theo und entdeckt ganz neue Spiele in der Bauecke und im Matschraum. Auch die Luftballons, die an der Decke hängen, bemerkt Theo erst jetzt wieder.

»Wenn ihr sie herunterholt, könnt ihr sie haben«, sagt die Erzieherin.

»Ich hol sie«, sagt der Neue und drängt sich vor. »Es sind ja auch meine.«

Er steigt auf den Stuhl und streckt die Arme aus. Die Ballons bleiben in weiter Ferne. »Geht nicht, das können wir vergessen.« Er steigt wieder runter und zieht Nico hinter sich her.

Jetzt ist Theo an der Reihe. Er gibt nicht so schnell auf. Er schiebt den Tisch unter die Ballons und steigt darauf. Der Neue zieht ihn am Hosenbein. »Komm runter, das sind meine Ballons!«

Theo beachtet ihn gar nicht. Er braucht mehr Höhe. Er stemmt einen Stuhl auf den Tisch. Inzwischen haben die anderen Kinder seinen Plan verstanden und stellen sich um den Tisch herum auf. Gebannt beobachten sie Theo. Er steigt auf den Tisch und vom Tisch auf den Stuhl. Theo richtet sich auf und greift in die Luft. Nur ganz wenig fehlt bis zu den Luftballonschnüren. Theo stellt sich auf die Zehenspitzen, aber da wackelt der Stuhl. In Theos Bauch kribbelt es. Lieber würde er wieder herunterklettern. Noch einmal macht er sich lang, so lang, wie es nur geht, aber der Stuhl bewegt sich. Mist, denkt Theo, ich kippe. Doch plötzlich hält einer die Stuhlbeine fest. Aus dem Augenwinkel sieht Theo, dass es Nico ist, der die Holzbeine fest umklammert hat.

Jetzt klappt's, denkt Theo und streckt sich. Die Beine wachsen in die Länge, weil er auf den vordersten Zehen balanciert. Der Oberkörper und die Arme ziehen sich lang, als wollte Theo Äpfel vom Himmel pflücken. Die anderen Kinder beginnen, Theo anzufeuern: »Theo, Theo, Theo, Theo …«

Einen Moment lang hat Theo das Gefühl, dass er keinen Boden mehr unter den Füßen hat und schwebt. Da erwischt er die erste Schnur und zieht den Ballon zu sich. Den bekommt Nico. Der klemmt sich die Schnur zwischen die Zähne, denn er hat keine Hand frei. Er muss Theo festhalten.

Alle Kinder jubeln und klatschen, bis auf einen. Der Neue freut sich nicht.

Theo pflückt einen Ballon nach dem anderen von der Decke. Den letzten Ballon überreicht er dem Neuen. Der zögert einen Moment und verzieht trotzig den Mund, dann aber greift er zu. Zu gern will er auch einen Ballon haben.

»Opa, heute ist der beste Tag in meinem Leben«, erklärt Theo am Nachmittag.

»Das ist schön«, sagt Opa.

»Schöner kann mein Leben gar nicht sein«, sagt Theo.

»Das freut mich«, sagt Opa.

»Und ich freue mich erst!«, sagt Theo.

Die festen Schnüre um sein Herzpaket sind abgefallen. In seiner Brust fühlt sich alles ganz leicht an, als ob Theo in den Himmel fliegen könnte.

Er lässt die Schnur seines Ballons los. »Du sollst auch den besten Tag im Leben haben!«, ruft er und blickt dem kleinen roten Punkt hinterher, bis er im Himmel verschwunden ist.